文娱演出活动组织策划

《"四特"教育系列丛书》编委会　编著

吉林出版集团股份有限公司

全国百佳图书出版单位

图书在版编目（CIP）数据

文娱演出活动组织策划 /《"四特"教育系列丛书》编
委会编著 . —长春：吉林出版集团股份有限公司，2012.4
（"四特"教育系列丛书 / 庄文中等主编 . 学校文化建
设与文娱活动策划组织）
ISBN 978-7-5463-8603-4

I.①文… Ⅱ.①四… Ⅲ.①文娱活动－青年读物②文娱
活动－少年读物 Ⅳ.① G241.3-49

中国版本图书馆 CIP 数据核字（2012）第 042095 号

文娱演出活动组织策划
WENYU YANCHU HUODONG ZUZHI CEHUA

出 版 人	吴　强	
责任编辑	朱子玉　杨　帆	
开　　本	690mm×960mm　1/16	
字　　数	250 千字	
印　　张	13	
版　　次	2012 年 4 月第 1 版	
印　　次	2023 年 2 月第 3 次印刷	
出　　版	吉林出版集团股份有限公司	
发　　行	吉林音像出版社有限责任公司	
地　　址	长春市南关区福祉大路 5788 号	
电　　话	0431-81629667	
印　　刷	三河市燕春印务有限公司	

ISBN 978-7-5463-8603-4　　　　　定价：39.80 元

前　言

学校教育是个人一生中所受教育最重要的组成部分，个人在学校里接受计划性的指导，系统地学习文化知识、社会规范、道德准则和价值观念。学校教育从某种意义上讲，决定着个人社会化的水平和性质，是个体社会化的重要基地。知识经济时代要求社会尊师重教，学校教育越来越受重视，在社会中起到举足轻重的作用。

"四特"教育系列丛书以"特定对象、特别对待、特殊方法、特例分析"为宗旨，立足学校教育与管理，理论结合实践，集多位教育界专家、学者及一线校长、教师们的教育成果与经验于一体，围绕困扰学校、领导、教师、学生的教育难题，集思广益，多方借鉴，力求全面彻底解决。

本辑为"四特"教育系列丛书之《学校文化建设与文娱活动组织策划》。

校园文化是学校本身形成和发展的物质文化和精神文化的总和。由于学校是教育人、培养人的社区，因而校园文化一般取其精神文化之含义，即学校共同成员在学校发展过程中，逐步形成的包括学校最高目标、价值观、校风、传统习惯、行为规范和规章制度在内的精神总和。

良好的校园文化环境是学生积极参与和悉心建设的结晶，也是实现素质教育、造就优秀人才的一个不可或缺的重要条件。因此，加强学校文化阵地的建设与组织活动策划是一项非常系统性的工程。学校文化阵地建设是学校文化的重要窗口，学校文化组织的策划则是学校实施素质教育和精神文明建设的重要组成部分，这两样都是学生成长成才的内在需要，更是推进学校教育工作的重要载体。

文化娱乐活动是文化体育娱乐活动的简称，其娱乐性、趣味性、知识性和多元化结合的特点是广大读者学习之外追求的一种健康生活情趣。

学校的文化娱乐活动项目包括音乐、美术、舞蹈、文学、语言、曲艺、戏剧、表演、游艺等多方面内容，广大青少年学生在课余时间通过参加多种形式的文化娱乐活动，能够达到开阔视野、陶冶情操、增长才智、提高能力、沟通人际、适应社会及改善知识结构、掌握实用技能等效果。在这些文化娱乐活动中，他们通过接受不同形式、不同内容的有益教育，能够受到潜移默化的作用，从而达到提高思想、文化和身体的综合素质，这对造就和培养有理想、有道德、有纪律、有文化、适应时代腾飞的新一代人才有着十分重要的作用。

为了适应青少年发展的需要，营造良好的校园文化环境，为校园文化娱乐活动的组织策划提供良好的指导，我们特地编辑了这套书，从学校的实际情况出发，以育人为根本目标，坚持先进文化的方向，从音乐、绘画、表演、游艺等方面重点对学生的基础知识和操作能力进行训练，努力使他们在娱乐中学到知识，在欢笑中陶冶情趣，并通过系统的训练和比赛，使他们的智力得到开发、知识结构得到改善，最终达到新课标要求的培养高素质的合格人才的目标。

本辑共20分册，具体内容如下。

1.《学校文化建设与管理创新》

校园文化重在建设，它包括物质文化建设、精神文化建设和制度文化建设，这三个方面建设的全面、协调的发展，将为学校树立起完整的文化形象。加强学校文化阵地的建设与组织活动策划是一项非常系统性的工程。本书对学校文化建设的组织管理与创新策划进行了系统而深入的阐述，体例科学，内容全面，具有很强的系统性、实用性、实践性和指导性。

2.《把图书馆打造成传播知识的圣地》

加强学校图书馆建设，对激发学生学习的积极性及提高学生的整体素质有着重要的作用与意义。本书对学校图书馆的建设与管理进行了系统而深入的阐述，体例科学，内容全面，具有很强的系统性、实用性、实践性和指导性。

3.《环境与安全文化建设》

校园安全文化是校园文化的重要组成部分，学校安全文化建设水平已成为学校核心竞争力的基本内容之一。所谓校园安全文化是指将学校安全理念和安全价值观表现在决策和管理者的态度及行为中，落实在学校的管理制度中，将安全管理融入学校整个管理的实践中，将安全法规、制度落实在决策者、管理者和师生的行为方式中，将安全标准落实在教育教学过程中，由此构成一个良好的安全建设氛围，通过安全文化建设，影响学校各级管理人员和师生的安全自觉性，以文化的力量保障学校财产安全和师生人身安全。学校安全文化有四个层次，即安全观念文化、安全行为文化、安全制度文化和安全物质文化。它们相互作用，相互促进。

4.《把学校建设成传播文化的阵地》

作为中国特色社会主义文化阵地重要组成部分的学校，在中华文化面临挑战和发展的机遇之际，应该承担时代赋予的使命，通过教育创新，传承文明，创造先进文化，培养和谐发展的高素质创新人才来促进社会的发展，实现中华民族的伟大复兴。本书对学校文化阵地的建设与管理进行了系统而深入的阐述，体例科学，内容全面，具有很强的系统性、实用性、实践性和指导性。

5.《知识类活动组织策划》

文化知识类活动课是一门全新的课程，就其根本意义来说是为了提高学生的素质，而要做到这一点，必须对文化知识类活动课加强有效的、科学的管理。尽管各科活动课教学目标是有弹性、较为宽泛的，但总的教育目标应十分明确，那就是有利于学生主体精神的体现；有利于对学生的分析问题和解决问题的能力培养；有利于活动成功学生的自我认识；有利于学生个性的发展，管理工作不能偏离这一目标。本书对学校知识类活动的组织策划进行了系统而深入的阐述，体例科学，内容全面，具有很强的系统性、实用性、实践性和指导性。

6.《科普活动组织策划》

科技教育是拓展学生知识面的重要平台，是培养学生自主创新的首要手段，在学生成长过程中已显现出越来越大的不可替代的作用，而学校重视科技教育，则可以让学校内重视学生全面发展的教师和学生在校园里都能有自己的发展空间。如果能够切实地从以上各个环节落实科学实践活动的开展，就可以在全校掀起一股学科学、做科学、用科学的热潮，使学生科学素养得到普遍提高，在落实了普及科学的目标的同时提升了学校科学教育的质量。本书对学校科普活动的组织策划进行了系统而深入的阐述，体例科学，内容全面，具有很强的系统性、实用性、实践性和指导性。

7.《收藏活动组织策划》

中国文化艺术几千年源远流长的历史，也凝聚着文艺收藏的风云沧桑。社会文明的整体进步，在促进文艺创作繁荣的同时推动文艺收藏的蓬勃发展。收藏可以陶冶情操、修身养性，它要求收藏者具备理性的经济头脑的同时，要有很好的艺术修养。收藏者在收藏的过程中，潜移默化地将自己培养成理性和感性结合得相当和谐的现代人。本书对学校收藏活动的组织策划进行了系统而深入的阐述，体例科学，内容全面，具有很强的系统性、实用性、实践性和指导性。

8.《联欢庆祝活动组织策划》

联欢活动是指单位内部或单位之间组织的联谊性质的文娱活动。通常是为了共同庆贺某一重大事件，或者在某一节日、某一重大活动完毕之后举行。联欢活动一般以聚会的形式进行，所以又称"联欢晚会"。本书对学校联欢活动的组织策划进行了系统而深入的阐述，体例科学，内容全面，具有很强的系统性、实用性、实践性和指导性。

9.《行为文化活动组织策划》

行为文化是指人们在生活、工作之中所贡献的、有价值的、促进文明、文化及人类社会发展的经验和创造性活动。本书对学校行为文化活动的组织策划进行了系统而深入的阐述，体例科学，内容全面，具有很强的系统性、实用性、实践性和指导性。

10.《文娱演出活动组织策划》

演出是指演出单位或个人在特定的时间、特定的环境下所举办的文艺表演活动。由于演出经过长期的发展与各地的差异，目前主要包括电影展演、音乐剧、实景演出、演唱会、音乐会、话剧、歌舞剧、戏曲、综艺、魔术、马戏、舞蹈、民间戏剧、民俗文化等种类。本书对学校文娱演出活动的组织策划进行了系统而深入的阐述，体例科学，内容全面，具有很强的系统性、实用性、实践性和指导性。

11.《音乐项目活动组织策划》

音乐是一种抒发感情、寄托感情的艺术。它以生动活泼的感性形式，表现高尚的审美理想、审美观念和审美情趣。音乐在给人以美的享受的同时，能提高人的审美能力，净化人们的灵魂，陶冶情操，提高审美情趣，树立崇高的理想。本书对学校音乐项目活动的组织策划进行了系统而深入的阐述，体例科学，内容全面，具有很强的系统性、实用性、实践性和指导性。

12.《美术项目活动组织策划》

美术作为美育的主要手段的途径，它的主要任务不仅仅是传授美术知识，也不仅仅是美术技能的训练，而是通过学生内心达到审美状态，良好心理得到培养和发展，不良心理受到疗治和矫正，使各种心理功能趋于和谐，各种潜能协调发展，最后达到提高人的生存价值，体验与实现美好人生的目的。本书对学校美术项目活动的组织策划进行了系统而深入的阐述，体例科学，内容全面，具有很强的系统性、实用性、实践性和指导性。

13.《舞蹈项目活动组织策划》

舞蹈能够促进少年儿童的生长发育，改善少年儿童的形体，带来艺术气质和形体美，有利于提高少年儿童的生理机能，提高少年儿童的身体素质，促进少年儿童的心理健康发展，还能够培养少年儿童的人格魅力。本书对学校舞蹈项目活动的组织策划进行了系统而深入的阐述，体例科学，内容全面，具有很强的系统性、实用性、实践性和指导性。

14.《器乐项目活动组织策划》

贝多芬曾说："音乐能使人类的精神爆发出火花。音乐比一切智慧、哲学有更高的启示。"作为素质教育的民乐教学，更突出将学生的全面发展放在首要的地位，使之形成具有显著办校特色的办学指导思想，为学校的全面发展做出了贡献，取得了满意的效果。

本书对学校器乐项目活动的组织策划进行了系统而深入的阐述，体例科学，内容全面，具有很强的系统性、实用性、实践性和指导性。

15.《语言项目活动组织策划》

加强学校文化阵地的建设与组织活动策划是一项非常系统性的工程。学校文化阵地建设是学校文化的重要窗口，学校文化组织的策划则是学校实施素质教育和精神文明建设的重要组成部分。本书对学校语言项目活动的组织策划进行了系统而深入的阐述，体例科学，内容全面，具有很强的系统性、实用性、实践性和指导性。

16.《曲艺项目活动组织策划》

曲艺是中华民族各种"说唱艺术"的统称，它是由民间口头文学和歌唱艺术经过长期发展演变形成的一种独特的艺术形式。曲艺演员必须具备坚实的说功、唱功、做功和高超的模仿力，演员只有具备了这些技巧，才能将人物形象刻画得惟妙惟肖，使事件的叙述引人入胜，从而博得听众的欣赏。本书对学校曲艺项目活动的组织策划进行了系统而深入的阐述，体例科学，内容全面，具有很强的系统性、实用性、实践性和指导性。

17.《戏剧项目活动组织策划》

戏剧的表演形式多种多样，常见的包括话剧、歌剧、舞剧、音乐剧、木偶戏等，是由演员扮演角色在舞台上当众表演故事情节的一种综合艺术。戏剧情节、歌唱和舞蹈这三者的复杂结合，使中国戏曲具有独特的风格和一系列艺术上的特点。本书对学校戏剧项目活动的组织策划进行了系统而深入的阐述，体例科学，内容全面，具有很强的系统性、实用性、实践性和指导性。

18.《表演项目活动组织策划》

表演指演奏乐曲、上演剧本、朗诵诗词等直接或者借助技术设备以声音、表情、动作公开再现作品。加强学校文化阵地的建设与组织活动策划是一项非常系统性的工程。本书对学校表演项目活动的组织策划进行了系统而深入的阐述，体例科学，内容全面，具有很强的系统性、实用性、实践性和指导性。

19.《棋牌项目活动组织策划》

棋牌是对棋类和牌类娱乐项目的总称，包括中国象棋、围棋、国际象棋、蒙古象棋、五子棋、跳棋、国际跳棋（已列入首届世界智力运动会项目）、军棋、桥牌、扑克、麻将等诸多传统或新兴娱乐项目。棋牌是十分有趣味的娱乐活动，但不可过度沉迷其中。本书对学校棋牌项目活动的组织策划进行了系统而深入的阐述，体例科学，内容全面，具有很强的系统性、实用性、实践性和指导性。

20.《游艺项目活动组织策划》

游艺是一种闲暇适意的生活调剂。其中，既有节令性游乐活动，也有充满竞技色彩的对抗性活动，更多的则是不受时间、地点、条件制约的随意方便的自娱自乐活动。有的继承性极强，规则较严格；有的则是无拘无束的即兴自娱；有的干脆是一种与生产紧密结合的小型采集和捕捉活动。这些丰富多彩的民间游艺活动使得广大劳动人民特别是青少年无论在精神生活、智力开发还是身体素质诸方面得到有益的充实和锻炼，也成为最普及的农村文化活动形式。本书对学校游艺项目活动的组织策划进行了系统而深入的阐述，体例科学，内容全面，具有很强的系统性、实用性、实践性和指导性。

由于时间、经验的关系，本书在编写等方面，必定存在不足和错误之处，衷心希望各界读者、一线教师及教育界人士批评指正。

编者

目　录

1. 绘　　景

绘景不同于一般绘画，绘景的对象是布景，布景有虚有实，它除绘制设计图所提供的硬景片，如山石、丛林、房屋建筑外，还有软景，如画幕、闭幕。此外，还有树墩、石头、土坡等立体或半立体的造型，同时包括天幕幻灯投影的绘制工作。绘景工作是体现舞美设计意图的重要部门之一。它的工作又要和灯光密切配合，不是孤立地、单一地绘制，孤立地用色。舞台形象是远距离欣赏的艺术，不宜过细，色调整体而不零乱，运笔大块而不拘泥。

下面介绍绘景工作的方法和体现手段。

中近远景及幻灯投影的绘制方法

（1）画幕

我们说的画幕是指相当于天幕大小的大画幕，横贯舞台，造成深远感，将所要求的群山、森林、瀑布、丛林、建筑群系统地分布在一张完整的画幕上。画幕的绘制要有严格的绘画水平，熟练地掌握全部绘制方法，突出重点，循序渐进，有条不紊。无论用色用笔都要按计划进行，胸有成竹。由于画幕比例较大（平均是 *8 米 ×18 米*），如在画幕中要体现森林、原野、群山、雪林、建筑群、海湾、岛屿等形象，绘制者首先要根据设计意图画好小样（按设计图尺寸比例缩小的画景稿），将大画幕平铺在地面（木板地、水泥地都行），然后按小样打轮廓。其次，将描构好轮廓的画稿涂上薄猪血（用猪血料加水调稀，*1：20*），使画布粘贴在地面上，同时起到上浆作用，也可用稀橡胶浆（一种化合的橡胶浆加水 1：15 调稀）涂匀在画布上，等干后，即可着手绘制。一般绘制过程是先远后近，最后铺天空。比如，先画远山、远树、远处的建筑剪影，然后依此类推，最后铺天空，分出色彩造型。注意一个问题，即画幕上的远山、远树，不要运用纯粉色来描绘，因为舞台上布景是依赖灯光的投射出现时空关系的，而粉色是反射光线的，一幅巨幅画幕的远山、远树如果不采取特殊的绘画手段，往往会使远山、远树透视不过去，相反会"跳"出画幕中间及近处的造型，达不到深远感觉。所以，我们采用了粉色加染色加水的绘制方法，似国画的烘染，先将远山的起伏结构用稀染色干色笔蹭出来（也不是用纯粉色，同样用染色水加粉色），等干后铺上一层薄薄的淡蓝色水即成。这样在接受灯光投射时，吸收灯光色彩，起到朦胧的色彩透视效果，有相当的深远感。

（2）中景纱幕

纱幕是用网眼纱绘制的画幕。为了加强空间层次或为了舞台上出现变化万千的幻觉感（如纱幕前的表演和纱幕后又出现重叠画面的表演等），现将两种纱幕画法出现的不同效果评述如下。

①染色画法

将纱幕吊起，从上至下勾画出轮廓（可用淡蓝色勾画），然后从上而下地按顺序画出树丛、山峦等形象，色彩不宜过多，着重表现关系。如画群山和松树，可将树帽和树干的中间部、暗部先画好，然后加上受光部的亮暖色。在画受光的山头时，可将山头受光部分留出，然后蹭上朝霞的粉红、橘红色，树干部分也同样。最亮的部分可以用粉色纱幕，如白橙树干的受光部，可以用白加橙色蹭上。注意画纱幕和一般画幕不同，用笔全是干蹭，水分不宜蘸得过多，以防流淌。这一种纱幕效果是梦幻场面较好，即在舞台前，实景在后。开始需要出现台前的形象，即灯光从纱幕的正面投光，当舞台的实景在纱幕后出现时，纱幕上形象即消失了，如《沙恭达罗》序幕榕树。

②染色、明胶加上粉色画布剪贴画法

此种纱幕一般当画幕使用，如画远山、森林，先将远山树丛画好，然后用明胶加染色或粉色画出树干、茂密的树叶，最近的树干用布画好，剪下缝合在纱幕上，这样，纱幕上出现的形象有三个层次（正面投光），朦胧的感觉很好，如《枫树湾》中景纱幕。

在使用明胶时，应先将明胶用开水泡煮成液体，然后渗入粉色调匀，用笔画在纱幕上（注意画时，用笔要横握，轻而慢，使色彩全部附着在网眼上），起到堵住纱眼的作用，使所画物象更有空间感，边沿较虚，有层次透视。注意染色一般较翠，要配入灰色，使色彩浑厚。大面积色感可以运用喷雾器来喷出效果。

（3）剪贴画幕

所谓剪贴画幕，是指用各种透明程度不同质地的材料如白布、纱布、手绢布等拼缝起来的整块画幕。这种画幕版画效果强，有过光感，层次浓淡穿插。绘制方法，先将各种材料根据形象和色彩染成各色、上浆、烫平备用。然后将画稿放大在地面，再将集成各色的不同材料按需要剪出轮廓，拼缝而成。在这种画幕上同样可以出现山川、森林、建筑等形象，如《激流勇进》画幕。

（4）网幕

网幕，即中景网幕，或称软幕。为了增加舞台画面空间的层次感和物象深远透视感，中景画幕不可缺。它是衔接近远景的媒介，使近景更实、远景更虚，造成空间幻觉。绘制网幕时，绘制要准确，轮廓要鲜明，缝制粘贴过程精细平正，使网幕吊起时不起皱褶，避免网幕坑坑洼洼现象。绘制方法，先将白布或手绢布事先用粉色画好形象，然后用白色勾出剪裁的轮廓，剪裁好后将形象翻贴在地面，可将整张网幕覆盖在贴在地面的形象上，然后用乳胶粘贴（可用布条或块布来贴，也可以用乳胶点在网格线交叉处上，使网格线和所画形象粘贴在一起），等干透后揭起来，吊上吊杆，即成。如果发现所剪的轮廓太死板，可以在网幕后面用染成绿色的纱布再缝合在树帽的边缘或剪成树叶状，使茂密的树叶更有生气。如果要求树叶有道光感，可以用染成黄绿色的白绸子贴在网后，当过光灯投射时，可出现透明的逆光树叶，加强光色感觉，整个树帽就栩栩如生了。建筑物的网幕，可以用不同质料的布来粘贴，使建筑物有明显的空间感。

（5）硬景片的绘制方法

硬景片就是用白布蒙在造型的木框上的景片，如树干、墙片、屋檐、土坡、礁石等。首先根据设计要求，画出小样（绘景稿），然后将景片的布上浆，即用稀猪血或稀橡胶浆涂上一层，使布更有弹性，等干透后即可打轮廓上色。除绘画手法外，有些特殊效果的屋顶、砖墙、土墙等，可以用粗草纸或草纸浆（草纸浆用草板纸泡湿、浸透，然后调匀加牛皮胶即成）贴在墙面或砖面。礁石的粗草面，再上色即成。如茅草棚，可将棕榈撕成所需的形状贴在屋顶、屋檐，即可着色，更有真实感。在绘制过程中注意用笔用色要适宜，即在铺好底色后，等景片干透，再用笔干蹭上不同效果的粉色，运笔的轻重缓急可按出效果为原则，没有硬性规定。铺底色时，要掌握色彩的冷暖变化、上下变化，用色要大胆细致、丰富浑厚，给第二步加蹭造型色创造条件。一般景片的最暗部分可以用深棕或黑色的平绒剪成所需的形象，贴在暗部，使投光时吸光，造成更深的感觉。这是一般粉色达不到的效果。如最深的华蓝、普蓝、深红，都有反光的作用，不能暗下去，只能依靠平绒。花丛的画法要运用丰富的底色，将各种花的本色飞笔点缀而成。

（6）立体或半立体景的绘制

如石墩、树桩等可在绘制前将泡塑钉粘在木架上造型（用乳胶粘贴，然后用火筷烫出所需的形象），然后铺底色，加高光即成。

此外，也可以用桧托的方法，先将立体形象用泥土雕塑出来。形象雕塑完后，用白水涂匀在普通报纸上，覆盖在塑好的物象上，稍干后，再贴上涂有糨糊的色块，一般贴三层即可。等干后形象脱胎而出，随之钉在木架上即可。如没有条件桧托，也可以用木板、三合板和草纸板造型，然后糊上布，在湿的布面上用手捏成各种形象，然后上色即可。绘制时要注意掌握色彩绸子的倾向性，如月夜、黄昏、朝霞。要区别于一般的习惯用色，冷暖关系要明确。等底色干透以后，用较浓厚的色调蹭上局部突出的色感，颜色水分要少，运笔要轻快，使立体造型的凹处保留底色，加强物体质感。

绘景颜料和工具的选择

（1）绘景用色

一般是水粉色（广告色），然后是染色（一般用于纱幕和大画幕大面积底色）。绘景之前，首先要调配色彩。舞美形象是远距离欣赏的绘画艺术，用色较多，不能随画随调。一般要求：先将各色调匀（如原色），然后根据绘景对象的不同要求配好中间色调，如白加群青、白加柠黄、白加青莲、白加橘黄、白加深棕、白加孔蓝、白加翠绿等。准备好的各色调配就序，即放入 1：5 的橡胶浆或批胶。橡胶浆比桃胶、牛胶性能好，不怕水漏痕迹，不会掉色，适宜于野外巡同演出。在布景所需要最鲜亮的色彩时，可以少量选用铝管装广告色。其次是画笔的选用，一般用 13～46 厘米猪棕刷、6～20 厘米羊毛匀浆板刷、白扁棕刷，油画笔用的不多。在涂铺大面积布景底色时，最好使用羊毛排刷（刷墙用的刷子）。再次是运笔问题。运笔是技术性很强的一种表现手段，在绘景中是非常重要的一环，关系到绘景的好坏。景片、画幕和观众的距离较远，运笔不当，就会使形象浑浊，物象结构不清。所以绘景运笔技法是多种多样的。国画有各种画法，油画有按捺拖拉点，书法有苍劲柔刚饱樵之分，所以绘景要集以上各艺术的精华。国画讲究笔分五色，绘景同样笔分冷暖，有时原色间色同时蘸在笔上绘画，时而豪放，时而细致精雕，讲究能拖拉点。有时也采用印象派手法，即"点彩"的方法，点出各色形象来，使画面更有浓烈的色感。在绘画过程中要求一气呵成，不要间歇。画法有湿法和干法两种，方法的选用根据物象的造型、光色而定。有时一块景片，画幕要在湿时全部画完，有时要等底色干透后涂上厚色，即可出现特殊效果，如礁石、石壁、树帽、草坡等。色彩的明朗、鲜亮程度，全靠局部加工，要做到胸有成竹，不能随想随画，落笔要有次序，不能来回涂改。最后的任务是在舞台上各局部布景合成时的再加工，即和光色配合合成时修改加工，使绘景部分完美地体现剧本主题要求，更富有绘画性。

（2）喷雾器的使用

一般用农药喷雾器。喷雾器喷出的色点是很细的，颜料中不能有杂物，所以色彩要调匀、过滤、调稀，防止喷不出来。加胶时一般以喷出色调干后不掉为原则。喷雾使用对象，如墙片，喷出上深下浅的素描关系和冷暖色感，造成气氛。另外是喷制墙花，墙花的喷制法有多种，如一般墙花、丝绒感墙花等。先将墙片刷好所需的底色，底色的涂铺要根据墙面的受光、背光涂出冷暖关系（冷色暖色交错的关系，或上冷下暖，或相反），然后是制版工作（用牛皮纸、刻出花纹）。花纹制板有粗有细，细花纹刻制后，要大面积连接起来，将留好的皮纸铺在地面，上面覆盖一层冷布纱，然后将清漆涂上，使皮纸和冷布黏合成整块墙花底样，等干后即可按在墙片上喷制。在喷制时，色彩要分冷暖，一层喷完干后再喷第二层。一般喷制时，将底色深的部分喷上浅色点，底色浅的部分喷上深色点，冷暖关系也是同样处理。这样可以造成闪光的感觉。如果喷制富丽堂皇的宫廷、贵族家庭、高级现代化室内墙花，可以将喷好了花纹的皮纸刻板交错一下，即将刻板安放已喷好的墙花上，整个板面向上拉一下，然后喷上金粉或银粉点，即可造成丝绒感，有厚度。

特殊物质的绘制法

（1）水磨砖绘制法

水磨砖绘制有两种方法。一种是将碎石子铺撒在涂有底色的布景上（如台阶、墙面），然后用喷雾器喷色，等干后将碎石子倒下，即成水磨路了（如果水磨石子色彩要丰富些，可以重叠喷和重叠撒石子）。另一种绘制方法是用长杆笔撒点法，即将涂有底色的墙片、台阶、栏杆等布景放在空地上，用长杆棕刷蘸上各种冷暖色彩撒上景片。撒时，右手握笔杆后部顶端，左手拍杯中部，点子就撒下去了。要什么色点就可撒什么色点，大小、均匀全在绘制者本人掌握，此法较简便。

（2）大理石绘制法

大理石绘制也有两种，一种是纯绘画法，一种是蘸油法。蘸油法最理想，它自然、色彩丰富。方法是先将布景分块，然后用青粉加牛胶涂刷在物象上，等干后备用。另外，准备一盆水，然后将各色油画色用煤油调稀，根据需要，将调好的油画色滴入水盆中，用筷子拌调水面，使油色呈现出理想的花纹图案，然后将景片蘸入水中，提出后即成自然大理石了。最后上一层清漆，真实质感的大理石就成功了。

幻灯投影绘制法和注意事项

（1）幻灯投影绘制法

幻灯投影运用于天幕，绘制方法和绘景截然不同。它是水色透明体的光色感，没有粉色那样实，所以幻灯使用局限于天幕投影，如云、远山、远处建筑物等，直接和中景网幕或景片衔接。幻灯色的选用，除普通幻灯色外，首先需要选用活性染料（可以和印染厂联系购买）。普通幻灯色在200千瓦强光烘烤之下容易掉色，活性染色不易烤掉。活性染色型号包括（黑KBG、红×B、蓝R、深蓝灰BG、淡黄×6G、紫红K3R、蓝K-GL、天空蓝（特型）、中黄×RN、青莲紫×2R、朱玛索蓝R）、鲜蓝等色。其次是堵漆法。因幻灯投影是画在有胶膜的胶片上的，所有形象要用堵漆方法来处理，一般堵漆材料选用不宜使用清涂和稀料（因此种材料堵住的形象上水色时易擦脱，另外，稀料中有苯，对呼吸道有害），而应用木刻白油墨（"牡丹牌"油墨），用煤油调稀使用。方法是先将有胶膜一面涂上清水，然后将片夹倒置过来，将天空涂上蓝色，即成。如有白云，可先将白云用油墨堵住，云边沾油墨稀一点儿，使云有厚度，再上色。等天空色干后，再侧转过来，在描有浅稿的部分堵上油墨，留出远山轮廓，涂上远山色彩。如果远山有起伏层次及结构的话，可以先涂上远山的受光面，然后在受光面上堵上油墨再同远山本色，这样，结构就出色了。注意堵油墨时，用笔要轻，要有笔触。不宜涂得太死板，要虚虚实实。一般是按远近层次来画，一次堵油墨画成，即一张幻灯片从头到尾，从上到下，一次画完。堵油墨时，循序而进。依此类推，边堵边画，色彩从浅到深，最后等干透后将油墨擦去（用干棉花擦，用力擦，要擦多次，等胶片完全透明为止）。要注意涂色时，涂一层用湿棉花拧干擦一层，使色彩浮现、水分吸干，这样色彩易于涂透。为了使胶膜干得快，画时顺序较快，可以用 200 支光灯泡烤干胶膜，着手绘制时可以迅速一些。要循序渐进，不能急躁。

（2）幻灯底稿问题

有条件的单位可以拍摄底稿，即将有比例的画稿画在纸上，再拍摄出球面差的变了形的形象线稿，然后再覆盖在胶片上用白色描出线稿即可上色（白色是插在没有胶膜的一面，切忌捕在有胶膜的一面，以免上色时，轮廓被水色涂掉）。如无条件拍摄，可以根据变形格、规格图胶片来描绘形象线稿，也可以达到要求。此外，还可使用手构稿法，即将白胶片夹在铁片上，插入幻灯槽，用黑色或蓝色钢笔构出形象来。这种方法简便，但要习惯才行。因为投射到天幕上的线条，物象是颠倒的，构稿时也是颠倒构捕着，但有个方法，如画好水平线时（在天幕上拉一条所需高度的绳子作为水平线），可以在倒置的幻灯片上用钢笔点成水平线的点。然后在灯外将点连接起来，其他形象（如建筑物，直线横线较多，可用定点的方法来连接）也可用此法，比较方便。

2. 灯 光

灯光在戏剧演出中的任务

（1）照明

在舞台演戏，一定要使用灯光，以加强舞台光度，使观众把戏看得清楚。

（2）表现剧中所需的时间及其变化

舞台上的白天到黑夜，夜晚到天明等场景，需要靠舞台灯光的色彩、明暗、光影的变化来完成。

（3）配合戏剧情节中所需要的环境气氛及其变化

戏中表现喜气洋洋的气氛或者是悲惨凄凉的气氛等，需要借助灯光来感染观众。

（4）创造自然现象来衬托戏剧的发展

如闪电、火、雪、云、月、河水翻滚、海浪滔滔及其他一些特殊的灯光技巧。

舞台灯光的部位和作用

舞台灯光是用各种灯具投射出的光创造戏剧所需要的艺术气氛的，所以物质设备对舞台灯光来说是很重要的。目前，戏剧的演出都是用电灯作为舞台灯光的工具。由于舞台形式的不同，舞台灯光装好的部位也不同，这里只介绍使用最多的镜框式舞台的装灯部位和名称。

（1）面光

灯具安装于舞台镜框之外，观众厅顶部正面，所装的灯具，光线从正面投射于前表演区，照射演员的表演，这部分灯位称之为"面光"。有条件的可以设置多道面光，由台口向观众席后方顺序称为"第一道面光""第二道面光"和"第三道面光"。

（2）侧面光

灯具装于二楼观众席两侧近台口处，光线从侧正面投射于表演区，增加面光投射的侧面亮度，使被投射的人和物有立体感，这部分灯位称之为"侧面光"。

（3）耳光

灯具装于舞台镜框之外，左右两侧靠近台口处，光线从侧面投向舞台表演区，作用与侧面光相同，这部分灯位称之为"耳光"。

（4）顶光

顶光位于舞台大幕之后的部位，一般灯具装在台口吊桥上或装在升降吊杆上，光线主要投射在表演区中后部，可以与台口外面光相衔接，向后延伸以补面光射不着的地方。靠台后的顶光可向台口方向照射，作为倒道光或光源使用。顶光的灯具一般都使用聚光灯。沿台口顺序向天幕每个景区都可安装顶光灯，由台口向里顺序称为"一顶""二顶""三顶"和"四顶"等。台越深，装的顶光也越多。

（5）柱光

柱光位于舞台口内大幕后两侧，灯具装在能伸缩的假台口上或装在立式铁管及固定铁架上，形成由上而下的灯柱，故称之为"柱光"或"光柱"。这里的灯光为台内前侧光，光区可以与侧面光和耳光光区相衔接，并向台内延伸，以补台口外的侧面光和耳光照射不到的地方。尤其当用面纱幕时，台内演员照明和景物照明就以柱光和一道顶光为主了，所以柱光为台内很重要的灯位。台内使用的追光也装在柱光架上，有条件的舞台可以设置能伸缩的柱光架，形成一个活动的假台口。

（6）脚光

脚光位于舞台台口外前沿台板上，也就是台唇的边沿处。用泛光条灯沿台口装成一排，光线由下向上照射，从下方弥补演员面部照明用的不足，也可照射大幕式作为表演舞蹈、打戏时的安全信号灯使用。

（7）侧光

侧光位于舞台内左右两侧天桥上，灯位由台口到舞台后墙都可以安装。光线自高处侧方向下投射，可以从各道侧幕中穿射到舞台各个部位。这部位的灯光主要表现为光源，加强人物的立体感和深度感。有条件的舞台往往是多层天桥，安装在各层上的灯位由低而高按顺序称之为"侧光一""侧光二""侧光三"。

（8）顶排光

顶排灯为条灯，灯具由泛光灯组成。它分四格、六格、八格、十二格不等，每格安装一个灯泡，一种颜色片，这样组合起来可以有三或四种颜色，照射面积大而均匀，适于光线向下向后照射大面积景物和演区。也可以由台口向里分为"一排灯""二排灯""三排灯"。

（9）天排光

天排光位于天幕前舞台上部，灯具一般安装在吊杆上，这灯位是俯射天幕的专门灯位。

（10）地排光

位于天幕前舞台台板上，专门仰射天幕用的灯，称为"地排灯"。主要是投射远景形象和天的色彩，在天幕上造成远景和天空的景色。

另外，还有流动灯具各种特技或特殊用灯，这些灯的灯位不固定。

灯具

（1）泛光灯

在灯盒内安装灯泡，光线由灯泡直接射出来，有一部分是经过灯盒内壁反射出来的。这种灯射出来的光线范围大，比较均匀，适于照射较近距离大面积的布景和演区。不足之处是光的照射范围不易控制，亮度比较弱。泛光灯部位不同，所起的作用也不同，要求也不一样。天排光使用的泛光灯功率大，在 1 千瓦以上。现在一般采用 1 千瓦碘钨灯，这种灯色温高，亮度强，射出的色光效果好。顶排灯的功率根据舞台大小有 100 瓦、200 瓦、300 瓦和 500 瓦等多种。脚光灯功率也根据舞台大小有 100 瓦、200 瓦和 300 瓦等多种。

（2）聚光灯

聚光灯是目前舞台灯光中使用较多的一种灯具。这种灯具的构造是在灯泡前加一平凸透镜，在灯泡后面加一反光镜。反光镜与灯泡有一定固定的距离，灯泡与透镜之间的距离是可根据需要随意调节的。灯泡必须用排丝泡，这种灯射出来的光均匀。灯泡的功率也随着舞台大小和装灯部位的远近而异。一般有 300 瓦、500 瓦、1 千瓦、2 千瓦不等。反光镜要与灯泡配套，每种形状的灯泡对反光镜大小、曲面、距离等要求不同，不能乱用。透镜的选择，按灯的大小而定，一般 1 千瓦以下的灯用 6 时 450° 平凸透镜或用 4 时 450° 平凸透镜，2 千

瓦的灯用 *8* 时 *300°* 平凸透镜，每个灯前有装色片的槽。此外，也有用螺纹透镜的，这种透镜射出来的光比较柔和，没有硬光斑。另外，还有椭球聚光灯，也叫"造型灯"。它的聚光部分是利用一种棉球形的反光碗来聚光，反光碗前面加一个物镜组，具有幻灯投射影像的性能，在光的焦点地方设置有四块可以任意活动的挡板，这样射出的光束被切割成方形、三角形，再放上影像的挡片就可以出现各种影像的光影。

（3）幻灯

这种灯是用来投射具体影像的，如房屋、树林花草、山川河流、天空云彩等，它的构造是在聚光灯的前面加一成像的物镜即可。需要出现什么影像，只要将画好的幻灯片插在聚光灯前片槽内，前面再加上物镜筒，然后调整物镜和幻灯片的距离，将光投射在天幕上或其他受光面上，所需要的画面和影像就显现出来了。舞台灯光所用的幻灯一般分为两大类。一类是影像能活动的特殊效果幻灯。这种幻灯在安装幻灯片的地方换上能活动的机具，幻灯片就可转动。另一类是影像固定的幻灯。我国目前独创的投射大面积天幕画面的幻灯就属这一种。这种幻灯，使用时放在距天幕 *3* 米的地方，四个或五个衔接在一起用，这样才能形成一个完整的天幕画面。画面越宽用灯就越多。

舞台灯光的控制间

演出时要随着戏剧演出的发展而不断变化，所以一般舞台灯光设灯光控制间，集中管理各种灯光。控制间要设在能看到演出的地方。灯光的变化要和演员的表演和剧情发展紧密配合。

（1）性能

①舞台上安装灯具的线路要集中到控制设备上。

②集中在控制设备上的线路可以任意按需要排列组合，而且这种排列组合在演出中可以变换。

③每个灯或每组灯都要有节光器设备，控制调配灯光的明暗。

（2）设备

①插销式配电盘。

②闸刀式配电盘。

③转轮式配电盘。

（3）节光器

节光器是与配电盘连接起来控制灯光明暗程度的电阻器或调压变压器。

①水阻节光器

盐水节光器就是我们常用的一种水阻节光器。它的制作简便也很经济。

②阻力丝节光器

阻力丝节光器是用阻力丝绕制在中间抽出很多头来，按次序排列成圆圈，中间用一个铜钉刷子移动，这样可使电阻增大或减小，以控制灯光的明暗程度。这种节光器市场上有成品出售，负荷有 2 千瓦、5 千瓦、8 千瓦、10 千瓦等多种。使用时，根据带灯多少合理选用。

③调压变压器

利用变压器原理每隔 1 伏特抽一头，按顺序排列成圆形，中间用炭精刷子活动。

④钢丝操纵的调压变光器

这种是供固定剧场使用的大型设备。

⑤可控硅调光器

这是用电路来控制硅管的导通与不导通或导通多少来控制灯光的明暗程度的。

3.音响效果

音响效果是整个舞台艺术不可缺少的一部分，它可以使舞台演出更加完美，可以弥补舞台空间的不足，也可以帮助特定的环境烘托气氛，提示舞台的时间、地点、季节、气候等。

目前，电子音响设备得到了广泛的应用，专业文艺团体中的音响效果工作者及大部分业余剧团，都充分利用传声器（俗称"话筒"）、录音机和扩音机、高低音喇叭作为完成音响效果工作的工具。但是电声器材不能代替一切，所以音响效果还利用一部分制作的器材来完成。

电话铃声

在有交流电的地方用声音近似电话铃声的电铃或用废旧的电话机改装，在控制响铃的线圈线路上串联一只 *1万～5万*欧姆的电阻，使用 *220*伏交流市电，使线圈两端电压在 *70～90*伏。在无电的地方可用电池的电铃或用双铃闹钟代替。使用时先将闹铃发条旋足，把指针拨到闹锤的地方。先用手按住闹锤，戏里需要时把手放开，放开的节奏要求和真的电话铃一样。

枪声

用藤条鞭打三合板就会发出与枪声相似的声音。这种方法需用一根长约 *1*米，像手指粗细的藤条鞭或树枝和一块大的三合板。另一种做法：到体育用品商店购买发令纸（炮）数张。准备两块 *5*厘米见方的小铁板，两块小铁板中间放发令纸（炮）*2～4*个，使用时用锤子猛砸小铁板即发出枪声。这种响声很有真实感，每两块小铁板只能配一枪，如连续响枪则每响一声要增加两块小铁板，以此类推。

炮声

用一个直径 1 米左右的大鼓（脸面直径越大越好）竖放或用架子吊起来，吊一张薄铁皮。用鼓槌敲击鼓面，鼓面发出的响声为炮声，铁皮发出的声响为同声。调整铁皮与鼓面的距离，可以使炮的同声表现出远近来。配戏时可以根据剧情的需要，做出单炮、群炮、远炮、近炮等各种不同类型的炮声。另一种方法：找一根长约 66 厘米的细钢丝弹簧安装在老式音通电唱机插唱针的地方，抖动唱头，通过低音喇叭扩音机传送出去，就形成理想的炮声效果。这种方法，简单易行，不用录音机，又省去笨重的大鼓、铁皮之类的东西。

烟雾

烟雾分速效和长效两种。

（1）速效（快燃）烟雾

氯酸钾 50%，细白糖 50%，用前混合在一起，用炉加热或用火柴点燃，便可迅速冒出蓝白色烟雾。

（2）长效（慢燃）烟雾

用氯化铵在电炉上加热到一定程度后白色烟雾冉冉而起。

另一种方法：用乙二醇倒在饭盒内，放在电炉上加热，效果和氯化铵相同。（氯酸钾、氯化铵、乙二醇等用品化工商店出售。）

上工钟声

农村上工钟声，用大铜钟最好。如果没有大铜钟可以用一截钢轨或小块钢板或炮弹钢壳代替。

轮船汽笛声

找大小、高低、瓶口粗细不等的玻璃瓶子用嘴吹，可以吹出各种不同的轮船汽笛声来。

报时钟声

到钟表店买一根钟簧,将它安装在长33厘米、宽16厘米、厚6～10厘米的木箱上。木箱中间开一直径约6厘米的圆口作为共鸣口。用硬木棒或铁棒缠布条敲击即可。如果声音不够大可以用扩音器扩大。

时钟走动的嘀嗒声

借用乐队的节拍器即可。

雪花飘

把白纸（薄些、轻些）剪成玉米粒大小的不规则纸片，从台顶或台侧撒开。在有电的地方可用电风扇吹小纸片，在无电的地方可用扇子扇。

雨声

购买大芭蕉扇数把，每把扇子的正反两面各缝上十条棉线，线长约3.3厘米，线的另一头系一两个玻璃珠子，如果买不到玻璃珠果需要，可用大黄豆或小蚕豆代替。使用时用手摇晃，即成雨声。如雨声大则可多做几把。

雷声

最好找166厘米×233厘米或133厘米×200厘米的三合板数张，

放在台两侧。使用时每张三合板一人，用两手拿住，离地，前后抖动。抖动时两手方向相反，抖动力量由小到大再渐小，必要时用数人同时抖动，即成雷声。这样的雷声有层次、有厚度。

马蹄声

南方一般用大毛竹。选用直径 6 ～ 10 厘米的毛竹，一节一节地锯开。每节长最好 10 厘米。每段必留一个节作共鸣用。使用时左右手各拿一个，学马行走的方法在地上敲。毛竹太硬可包些麻袋布。如果配马铃，马铃声要和马蹄行走的节奏一样。不用毛竹，也可以用椰子碗代替。北方农村一般用木头制的马勺或塑料碗代替。

上述音响效果的制作方法，音量可能不够大，所以，事先最好进行录音。演出时使用扬声器扩大音量。但要注意对不同声音对象选配各种不同规格的扬声器。

扬声器

（1）高音喇叭

功率 25 瓦阻抗 8 ～ 16 欧，必要时可以并联使用。放音对象：各种鸟叫、蝉叫、青蛙、蟋蟀、啄木鸟、鸡鸣、狗吠、风声、火车鸣笛、小轮船汽笛、电话声、单步枪、乱步枪、轻机枪、各种机器、铃声、大钟、喷气式飞机、警车、工厂汽笛等。

（2）低音喇叭

功率 15 ～ 25 瓦阻抗 4 ～ 16 欧，必要时可以串联或并联使用。放音对象：电报、时钟、牛叫、马嘶、马车、雷声、脚步声、汽车喇叭、火车行走、大轮船汽笛、重机枪、远炮、近炮、各种引擎、螺旋桨轰炸机、直升飞机、球场、建筑工地等。

（3）组合音箱

功率 *20 ～ 100* 瓦阻抗 *4 ～ 16* 欧。音箱有二路分频（高、低音两只喇叭和三路分频（有高、中、低音三组喇叭），必要时也可串联或并联使用。放音对象：音乐、雨声、火车、各种炮的发射、海浪、婴孩哭、江河流水等。

4.舞台要求

化妆前要想到的几个问题

第一，要根据剧本提出的主题、内容、时代、背景、人物特征和性格来画，切忌按个人兴趣来打扮。

第二，演员在舞台上演戏，和观众有一定的距离。为了帮助观众看清演员脸上的表情，化妆时，比生活妆要夸张一些。

第三，戏剧是综合艺术，是由导演、演员、布景、灯光、服装等方面相互配合的。布景与服装的色彩直接影响演员脸部色彩的深浅与明亮。灯光还有一种漂白作用。所以，日光下和弱光下妆要画得淡一些；强光下妆要画得浓一些。

第四，要熟悉演员的脸型。舞台人物造型是以演员脸型为基础，把不符合剧中人物的部分加以掩盖，把不够的地方加以强调、突出，以达到剧中人物的需要。

第五，要了解人体头部的骨骼和肌肉结构、特征等。

人体头部骨骼是由头盖骨和颜面骨组成。它是整个头型的基础。在脸部有八个点（额骨节节、眉骨节节、颧骨节节、下颌骨节节），这八个点的位置往往决定着一个人的脸型。肌肉的松弛、消瘦或丰满，直接影响脸型与表情。所以，化妆前一定要观察好这几个点的位置及其与骨骼、肌肉的相关关系。

舞台妆由于剧种不同，要求也不同。

现代戏曲妆：与话剧妆接近，但由于戏曲表现的程式和风格，夸张的成分较大，因此舞台上化的妆也相对夸张，以使化妆和表演形式统一起来。

历史剧妆：历史剧妆因地方剧种的不同而异，它们都有一定的表现程式和夸张的、有象征性的固定脸谱。

话剧妆：要求真实。它不像戏曲妆那样夸张，但要注意使用能表现人物性格的造型，而且色彩应与剧的主题、风格、体裁相协调。同时，使观众能看清舞台上演员的五官及表情。

歌舞妆：源于生活，高于生活，有浪漫主义色彩。所以化得要美，要与鲜艳的服装配合好。

歌剧妆：与话剧妆相近，但因它以唱的表现形式为主，所以要注意适当的夸张。嘴要画得小一些。

曲艺、杂技妆：以淡妆为主，要求颜色鲜艳、漂亮。

化妆的组成

（1）绘画化妆

用绘画的方法在立体的面孔上捕绘线条、明暗、肌肉、骨骼的变化，达到造型的目的。

（2）毛发化妆

用头套、发型、胡型等粘贴物，立体地改变演员原来的外型，以达到造型的目的。

（3）塑料牵引化妆

用粘贴零件和绷拉牵引办法牵动脸部肌肉，使面部表情发生变化，达到造型的目的。

其中绘画化妆是主要的。这里主要介绍绘画化妆。

绘画化妆步骤

（1）准备物品和工具

化妆盒：文具盒、文艺盒均可。也可以把油彩挤到一块瓷砖上或玻璃板上使用。

油彩：一般常用的有大红、朱红、黑、蓝、黄、白等各种型号的颜色。

化妆笔：两三支即够用，市面上有卖。也可用小毛笔、纸笔、眉笔等代替。

擦脸油：凡士林、动物油、植物油均可。

扑粉：定妆用。

粉刷：软一些的羊毛刷、排笔、棉花都可用。

胶水：有专门粘胡子用的胶水，也可用松香泡在酒精中制成。

（2）化妆过程

洗脸：演员先把脸洗干净。男同志把胡子刮掉。

涂底油：用手指或手掌将上妆油拍好涂匀，但不宜过多。

拍底色：先把配好的底色放在手上调好，然后用右手指沾上调好的油彩。点到脸上轻轻拍匀，拍薄。在耳朵、脖子附近地方，要慢慢过渡。不能拍得太厚，否则就有死板感。如底色深，耳朵和手脖都要拍到。

拍颊红：一般拍在妇女擦胭脂的地方。颊红的边缘和底色接合要自然。常用的领红是大红加一点儿朱红或加一些底色。

鼻侧影：一般画鼻侧影的色彩是蓝加红、黑加红或棕加红，但都要偏红些。

眼：画眼边用黑色、深蓝色或深棕色。画出形之后，上下眼睑处可用棕红色接边，慢慢地揉上去，内外眼角都要分开，内眼角可以点彩红，外眼角可以画淡黄色。

眉毛：眉毛一般为黑色，先用红颜色打底，范围要大一些，然后用深棕色画第二道，范围缩小些，最后用黑色画出重点，勾出后形。眉毛的前三分之一处，眉毛的下部画淡一些，上边和左右两头柔和一些，这样画出来的眉毛主体感较强，也自然。

嘴：一般大红中加少量棕色，有时加一点儿底色，画时先从上唇中向左画，然后再向右画。上唇比下唇的颜色要深一些，下唇颜色可略加一点儿浅色，嘴角处可用深红勾出轮廓来。

全面调整：整个妆画完之后，化妆师要站在稍远一点儿的地方，对演员的化妆要全面看一看，太重的地方减弱，不够的地方加强一些，人中和鼻翼处可以勾一些红线使轮廓更为清楚。

扑定妆粉、修妆：扑粉是关键的一关，粉扑得不好，往往前功尽弃。扑粉时，先用粉扑（纱布或棉花）蘸上粉，扑在脸上有油彩的地方，然后用毛刷（粉刷或棉花）把浮粉轻轻弹掉。一般用的粉遮盖力比较强。扑完后可用湿毛巾轻轻把脸按一遍，再用干深色线条笔，把眉、眼轻轻捕一遍。

手、脖子、耳朵、腿：脸部化妆后，脖子、手等不化妆，会有不调和感，非常难看，所以，一般手、脖子等也相应地化妆。可用专门擦手颜色。

头发造型：对表现人物的时代、民族、年龄、性格、精神面貌、社会阶级地位有很强的表现力，对改变脸型也起着相当大的作用。所以，面部化妆后，就要搞好头发造型。

改变发型的方法有三种：一是利用演员本人的头发，按需要加以梳理和染色；二是用发套；三是加接或粘贴局部头发。

胡须：男性化妆胡须对人物形象起着很大的作用，它不仅有时代、性格、民族的特点，而且对改变脸型的胖瘦、宽窄也起着决定的作用。

卸妆：先把胡须、头套等粘贴物，用酒精棉或溶剂汽油棉轻轻卸去；再把卸妆油涂在脸上，用手轻轻揉开；然后用棉花擦眼睛部位；再用纸把脸全部擦干净；最后用香皂洗脸。脸洗好后涂上保护皮肤用的氧化锌软膏或其他护肤霜。目前有乳化卸妆油，效果很好。用它卸妆不用纸和棉花，妆揉开后，用湿毛巾的一角先把脸擦干净就可洗脸，又快，又干净。个别演员的皮肤不适应，可改用植物油卸妆。

化妆品的几种简易做法

（1）染涂灰白头发

用广告白色加甘油或加蜂蜜，适当加些水即可，这样比涂油彩好洗一些。

（2）做鼻油灰

用吃过的口香糖加上橡皮泥揉到一起就可以用了，但质量稍差。

（3）粘胡子胶水

把松香块砸碎，放在酒精中泡几天即成，如马上要用，可加热。

5.化妆特点

青年妆

（1）青年妆的要求

年轻，要有青春的活力，不能肌肉松弛，老态龙钟；

健美，要健康美丽，不能矫揉造作，不能有病态的感觉；

清楚，化妆后，舞台上演员的眉眼要清清楚楚，干干净净。

舞台青年妆的底色非常重要，一定要用明亮的颜色，颊红也要求比较鲜艳，眼与眉适当地向上翘。

（2）使瘦人较丰满一些

利用颜色深浅和颊红的形状可以使瘦人变得丰满一些。在给瘦一点儿的人化妆时，颊红打开得要非常柔和，整个色彩明亮健壮一些。太突出的地方画暗一些，凹进去的地方可适当加一些淡色，用素捕画圆球的方法把颊部画突出，这样就可以达到一定的效果。

（3）使胖人稍瘦些

从鱼尾纹处到嘴角画一条长形的红色阴影，并和底色接合好；颊红色可以画得愣一些，腮帮处要暗一些，这样就能收到较好的效果。还可以用两种底色的办法来解决，额头、鼻梁，一直到下巴，用的底色要亮一些，太阳穴、下颌骨处用的底色要暗一些，但不能太深。暗色用朱红加蓝，效果比较好。脖子一定要画暗色，如不画就会比原来还要胖。

（4）使鼻子的轮廓更清楚

画鼻侧影的时候，内眼角和鼻梁之间为明显分界线，从鼻窝开始起笔，一条线到鼻尖打匀，鼻翼处阴影就没有了。一条线到鼻梁中心打匀，鼻子塌可在鼻梁中心加一道高光线，使之有立体感。但切忌画出两道火车轨。

（5）改变脸型的长短

利用鼻侧影可以改变脸型。鼻子短的人，鼻侧影从眉头处或再高一些的位置起笔一直向下画。把鼻子画长，脸也自然显得长了一些。鼻子过长，画鼻侧影不要从眉头起，而应从眼窝抹过去，同时，鼻头底下画一些暗色，鼻子就显短了，然后再把发根往下缩短。下巴底下用暗色，这样整个脸就显得短了。

（6）眼睛的画法

画好眼睛必须懂得几个道理。

①和光的关系。我们日常生活中和在舞台上，一般光源都是从上边来的，例如日光、灯光、月光，上眼边的背光面，总有一个固定不变的阴影。我们就利用这块阴影来改变眼睛的大小。具体做法就是根据要求把阴影画成圆形或方形。

②从生理上看，上睫毛浓，下睫毛短而稀。所以，化妆时把上眼边画宽，下眼边画窄一些。

③色彩的对比。如果为了放大眼睛，把眼睛的周围都画上黑边，不但达不到所求的效果，反而显得一团漆黑。所以，画眼边必须把肉眼角和外眼角分开，用其他的色彩来衬托对比。这样，在远处才能看

出神采奕奕的眼神来。一般内眼角用彩红、外眼角用黄色来衬托，但不能过分，否则就像烂眼角。

④利用移位放大眼睛。人的眼球一般藏在上眼睑三分之一处，而下眼脸离眼球有一点儿距离，所以，放大眼睛要移动下眼睑线，而把移过的空白处假设为白眼球。这假设的白眼球色彩，要根据底色来变化，但不能太突出，否则那块肌肉就出来了，就会把眼睛挤得更小。用皮肤的本身颜色，效果非常好，移位线也不能太宽，移多了会起相反效果。切忌移位上眼睑，否则就像瞪白眼。

（7）眼形的画法

吊眼：如果演员的外眼角太向下，想给他画精神些，可把上眼边靠内眼角线画窄一些，向外眼角逐渐加宽，下眼边线靠内眼角离眼远一些，外眼角靠近眼睛画得细一些，这样眼睛的形状就可以扭过来了。

按这种方法，可以画出各种不同的眼睛，但改变眼形也是有一定的限度的，不能离开演员的眼球去改变，否则，你把外眼角挑得再高，本身的下挂眼也是改不了的。

（8）改变嘴形

大而厚的嘴唇画小嘴唇，先要将嘴唇用底子油彩盖住，然后在嘴的位置重新画上小而薄的嘴形，可再用深红或棕色勾出明显嘴角交界线。嘴角处可用黄色或肉色衬托。薄唇加大加厚，就要把嘴唇颜色画出嘴的范围，也勾出轮廓线，用浅色衬托。

小孩妆

一般规律是小孩脸形圆，腮红形状圆一些。鼻子短，眼也圆，眉毛短或淡一些。底色鲜嫩红润。

中年妆

中年人的化妆比较难掌握,化妆师处理这类角色时要持谨慎态度。演员本人已具备中年人的特点,只要按角色要求处理一下就可以了。年轻人扮演中年人,就要按中年人的特点适当刻画。中年人的特点是鼻唇沟开始显露,额纹、鱼尾纹都隐约可见,面部骨骼也初步现出轮廓。化中年人妆时,画出来的结构不要太过分,脸部线条不宜太多、太乱。

老年妆

老年人面部肌肉松弛,皱纹增多,皮肤失去弹性,颜色变暗,骨骼突出,毛发也由于衰老而脱落变得又少又白。

（1）先打底色

一般老年人的底色要暗一些、黄一些,在土黄中加一点儿朱红和肉色即可。同时要根据剧本的要求和演员本人肤色来决定。

（2）画暗部

用红加蓝或红加黑都可以,把额沟、鼻侧影、鼻唇沟、下眼帘、颧骨下部、下唇沟、颞窝,每处的线像都要有线有面,有起伏,不要画得像刀刻的,要根据肌肉转折来画。

（3）画亮色

用黄色加肉色涂在额丘、眉弓突起、颞线、颧骨突起、下眼帘阴影的下部、眼泡上、下颌角等突出的部位。但这些部位的色度也有深有浅。

（4）画皱纹

这是辅助性的，千万不要过分强调而破坏了主要的骨骼肌肉的关系。

抬头纹：结合演员本人的可能性和基础，在额头上搭上几条，但不能过多，多了上下打架，看不清楚。

眉间纹：在眉中间的两三条皱纹。爱皱眉的演员眉间纹可不必画。

鱼尾纹：外眼角上几条放射纹。

鼻间纹：鼻子横部的几条横纹和斜纹。

放射形纹：嘴边的纹。老太太妆画的最多，老头要粘胡子就不必画了。

笑纹：在面颊上的几条松弛的纹。

以上画皱纹要注意有层次，有重点，每一条纹都要有粗细，有长短，打出来面和点的宽窄都不一样。

皱纹的光源要统一，一般受光处画亮色，背光面画暗色，这样的皱纹真实感和立体感强。

（5）画眼睛

老年人的眼睛外眼角下坠，用棕色画眼边或在眼睫毛上画一些白色，就可以了。

（6）眉毛

人到老年，眉毛增加或长出很长的眉毛，叫"寿眉"。这种眉毛很能增加老年人的风度。画老年人眉毛用白色油彩倒着涂在眉梢上。不太清楚时，可在眉下边画几条黑线，以衬托白灰眉毛的突出。

（7）颊红

用棕红色，面积要小，与颊部的阴影、笑肌的线结合起来画，衬托住颧骨。

（8）嘴

用暗红色，上唇可以用浅色。画时可根据唇上的竖纹画许多小道道，增加嘴的收缩感。嘴角处下挂又往上吊起，形成嘴角下坠的肌肉。

（9）粘胡子

一般用现成的胡套，如果没有，可以用毛线坯子代替。准备好需要的颜色，用时，把毛线坯子梳成一缕一缕的。先在下巴处涂上松香胶水，从后往前一层层的立着往下巴上粘。粘时用剪刀剪出斜面。拍完了用湿布压一下，再进行梳理。上唇粘法也一样，只在外嘴角处先把两缕往外斜着粘好，再往中间粘。否则，妨碍演员说话和唱歌。

种族妆

黄、白、黑种人的特点

	黄种人	白种人	黑种人
头发颜色	黑、棕	金黄、浅棕、黑	黑
头发形状	直发	波状	羊毛卷
头形状	中	长	广
鼻形	中	狭	广
眼	黑、棕	碧蓝、黑、灰、棕	黑
嘴	中	薄	厚

（1）黑种人

用深褐色打底色，直至耳后脖后，而且一定要打匀。眼睛和嘴的部分少打底色。鼻侧影要重，可以用黑色。先用鼻油把扁大的鼻子粘好，鼻子画宽一些，鼻孔也要画上黑色。眼睛圆而大，内眼角高，内眼角处点上彩红，外眼角分开衬上浅色，眼窝处也要逐步打开，下眼边可先加稍许浅蓝，再加上黑色。眉毛画黑色。打完粉后，眉眼最好用锅烟黑刷一下。男妆不打腮红，女妆要用大红加白的浅红打腮红。黑人的额丘、皱眉肌比较发达，根据人物情况，可适当加强。

（2）白种人

头发要用头套。底色以肉色发粉为主，腮红用大红加一点儿白色，鼻侧影用朱红加黑或深蓝，除特殊鼻子需要加鼻油灰外，一般都可以画出来。画眼睛要抓住重点，内眼角抬高，内眼窝的阴影要深陷，外眼角往下用棕色，眉骨要突出，下眼边在靠近睫毛处先用孔雀蓝色画一道，再用棕色画下眼边，这样达到扩大白眼球的作用，眉毛一般靠近眼睛。嘴唇薄，上嘴唇下稍方，可在人中、两边嘴角和下唇下方与下巴交界处点上红色或蓝色点，以使轮廓清楚。然后打扮，女妆可粘睫毛。

淡妆

（1）底色

根据本人的皮肤颜色而定。皮肤滋润有弹性、皮肤颜色也比较明亮的，尽可能不打底色或少打底色。先用浅底色轻轻拍在脸上，薄到可看见演员本人皮肤的毛孔。皮肤贪黑，底色适当厚一点儿，脸与脖子结合处，底色要渐渐消失；否则是一个脸壳。

（2）鼻侧影

鼻子两侧的化妆轻重要恰当。先用橄榄色加一点儿底色在鼻子两侧轻轻拍出面来。内眼角靠鼻子处作为一个重点，鼻子高大者，颜色要深。几乎只比底色深半度，除重点外都是虚阴影。鼻子是一个圆体，画得越自然越好。

（3）腮红

由皮肤中透出的一种红润，给人以健康感。化妆时不能单纯用大红，要加底色、加白色、淡淡地拍上，在腮红的周围要渐渐地过渡到消失。面颊凹部用比底色更淡的颜色打上，要和腮红颜色柔和起来。

（4）嘴的画法

一般男妆用浅棕加一点儿红即可，有的人也可以不画。女妆要画得稍明显一些，但不用单纯的大红或朱红，要适当加一些底色。市面卖的口红，有山茶色，有桃红色，可根据情况选用。嘴角处不要顺着本人的嘴往下走，这样容易嘴角往下挂，不精神。画时适当往上抬，在下嘴唇外角处，衬一些淡底色。嘴形太大或太鼓不必捕得太清楚，嘴太小时就要把嘴的边缘线画清楚。

（5）眼

用棕色或橄榄色靠近上睫毛边画一条线，用一支不沾油彩的干笔逐步往上打匀，加很少的土黄和朱红，到眉骨处逐渐消失。颜色尽可能用得少，几种颜色加起来也不要超过半粒小米那么大。眼泡丰满，要画深一些的阴影，眼窝凹就画浅一些，甚至可以比底色浅。外眼角阴影往上逐渐淡下去，内眼角在平里走阴影逐渐消失。下眼睫毛边线要画得很细，两头渐淡。

（6）眉毛

先在本人原基础上适当地修饰好，把多余的用捏子去除。化妆时，眉的前三分之二是重点，用橄榄色。眉前头、眉上头、眉尾都要渐渐地虚过去，用化妆笔轻轻地一根根的画上。忌用纯黑。

（7）粘假睫毛

粘假睫毛是使眼睛明亮清楚的一种办法，用于女妆。一般选择比较逼真的假睫毛。在边缘涂上胶水，粘在靠近上睫毛的地方。用完之后可以取下保存好，下次再用。

1. 独　　唱

独唱是一个人演唱歌曲，常有伴奏。

（1）独唱也作"独倡"。独自倡言，单独提倡。宋苏轼《馈岁》诗："亦欲举乡风，独倡无人和。"

（2）独自吟咏、吟唱。唐鲍溶《送僧东游》诗："独唱郢中雪，还游天际霞。"宋梅尧臣《依韵和原甫省中松石画壁》诗："画来二十年，数偶未辄爱……今逢茂陵人，独唱亦豪迈。"

（3）一种声乐演唱形式。由一人单独演唱，常用乐器伴奏，也有用人声伴唱者。《新唐书·南蛮传下·骠》："丝竹缓作，一人独唱，歌工复通唱军士《奉圣乐》词。"邹韬奋《萍踪寄语》六九："一种是单人独舞，如唱歌之有'独唱'一样。"

由一个人演唱的形式叫独唱。因性别和个人的条件、音色不同，又可分女高音、女中音、女低音、男高音、男中音、男低音等独唱。其音色特点是：女高音华丽灵巧，女中音温柔圆润，女低音丰满宽厚，男高音高亢明亮，男中音浑厚庄严，男低音低沉庄重。他们之间的音域也各不相同。女高音中还分：音色清脆灵巧的花腔女高音；音色秀丽甜美的抒情女高音；音色刚强壮实的戏剧女高音。男高音中有音色明朗而抒情的抒情男高音；音色壮丽而坚实的戏剧男高音等。

2. 二 重 唱

二重唱是同等重要的二人唱，不论有无伴奏，都称作"二重唱"。从演出形式上分有声乐二重唱（供两人歌唱的咏叹调）和一般性的歌曲，通常皆有乐器伴奏。前者为歌剧中的重要部分，特别是"爱情二重唱"，在歌剧中经常采用。歌剧以外的二重唱，可在舒伯特、舒曼、勃拉姆斯、门德尔松等作家的作品中见到。早期无伴奏的二重唱，是16世纪称为"比契尼恩"的二重唱。17世纪的室内二重唱，皆有伴奏，它有很高的艺术价值与教育意义，那是更高级、典雅的音乐。

男声二重唱

同音色的二重唱可以表现对立，特别是男声二重唱。19世纪的歌剧舞台上甚至把"决斗二重唱"作为一种特定的类型。

例如《奥赛罗》第二幕的终场是奥赛罗和雅戈的"复仇"二重唱，作曲家让雅戈的旋律像固定低音那样顽固地坚持，在他的挑唆下，奥赛罗的情绪被激怒到了顶点。

还有柴科夫斯基在《叶甫盖尼·奥涅金》第二幕第二场中的奥涅金和好朋友连斯基，为一点儿小事决斗，他们唱同一支旋律，但各人旋律的进入时间不同，音程也不同，更好地表现了对立的情绪。

歌词大意："仇敌！仇敌！我们从前可有难解的怨仇，难道我们不曾欢乐在一起，彼此那样情投意合，可现在默默站在这里，像是世代的敌手，准备冷酷地把对方杀死。啊，在鲜血未染以前难道就不能再和好，难道就不能友善地分手？不！不！"这是男高音和男中音构成的重唱。

在比才的歌剧《卡门》第三幕中斗牛士埃斯卡米洛与霍塞的二重唱也是一段决斗二重唱。

威尔第《唐·卡洛》第四幕第一场中国王菲利普与宗教裁判长的冲突虽然不是你死我活的拼争，但其本质仍然是角色之间强烈地对峙，也可列入这一类。这是两个男低音的重唱。

女声二重唱

无论歌剧剧目的剧情有千种万种，二重唱表现的内容不外乎两种：情绪的统一或是对立。最典型的情绪为融合型，以同音色的结合最有效果，女声二重唱比男声二重唱更为多见。这类大抵是和情节关系不大的谣唱性重唱，因此，较多地出现在某一场开始部分。如柴科夫斯基《叶甫盖尼·奥涅金》第一幕的姐妹二重唱等。

德立勃的《拉克美》第一幕有一段女声二重唱《来吧，马莉卡》。拉克美和女仆马莉卡一边唱着优美的歌，一边走向小河，坐船采莲去。这是一段女高音和女中音的重唱。

拉克美：来吧，马莉卡，葡萄树开着灿烂的花，沿着圣洁小溪它把芳影投下，到处是一片静谧，松林间鸟鸣带来生机勃发。马莉卡：此刻我们凝眸微笑，在这幸福一瞬间，不用担心被骗，你的心虽然紧闭，拉克美，但我读出它的诗篇。合：树叶覆盖着苍天，白茉莉向红玫瑰请安。在河边的花坛上，欢乐洋溢在晨风间。来吧，让我们参加它们的聚会，慢慢地滑翔，顺着潮流漂浮，把涟漪击碎看闪烁河水，无心地划桨，泉水也安睡。

还有女中音与女高音之间的争风吃醋，彭奇埃利的歌剧《歌女乔康达》第二幕中劳拉和乔康达的二重唱《我在这里等待》，一曲终了便"杀"将起来。

威尔第《阿伊达》第二幕第一场安涅丽丝与阿伊达的二重唱可谓是一场"文斗"，虽然它经常被庆祝胜利的欢呼声打断。埃及公主安涅丽丝用计使阿伊达露出了对达梅斯的真情，安涅丽丝要让阿伊达明白，一个女奴是不配做她的情敌的。

最有趣的是贝利尼《诺尔玛》第二幕第一场中阿达尔吉萨与诺尔玛的二重唱《看，诺尔玛》。两个爱着罗马将军的高卢女子相遇，理应有一曲互相仇恨的唱段，不料却是一段化干戈为玉帛的重唱。

另外，理查·施特劳斯的《玫瑰骑士》第一幕有一段爱情二重唱是非常有趣的，因为剧中的男主角奥克塔文伯爵，即玫瑰骑士，是个17岁的大男孩，由第二女高音饰演，因此，奥克塔文伯爵和公爵夫人偷情的二重唱，就成了同声的爱情二重唱。

混声二重唱

混声二重唱是男女声部之间的组合，除音色方面有更多地选择余地之外，在内容上也可能有着更为戏剧性的因素，因为那可能发生在父女的、母子的及各种关系的男女角色之间。例如威尔第《游吟诗人》第二幕第一场阿珠丽奇和曼利可这对互不知真情的母子二重唱。

而二重唱形式中最动人的莫过于男女声的爱情二重唱了。在这一形式中既有音色的对比，又有感情的抒发，几乎每一部歌剧都有"爱情二重唱"，它是作曲家刻意展示的重要段落。

例如歌剧《茶花女》中每一场都有动听的男女二重唱。下面介绍的是终幕阿尔芒赶来看望病危的玛格丽特时两人的重唱："让我们离开这万恶的世界，这里充满了痛苦和悲伤，我们要走向那遥远的地方，去迎接快乐和幸福。命运在那里向我们微笑，把痛苦和悲伤永远忘记……"

还有莫扎特在他的歌剧《女人心》中对重唱又有了特殊的设计，他让两对情人以平行三、六度进行重唱或模仿，在这种完全亲和的音程运动中，两个声部融为一体，旋律的性格也随之磨平了个性而倾向一般性。也许莫扎特认为，这两位女子的表现才是女人的共性呢！

二重唱的结构方式

（1）音色变奏

简单的歌曲型二重唱是音色变奏，即同一旋律由不同音色各唱一次，然后再以结合的音色唱一次。在歌剧中这样的例子很多。例如莫扎特《魔笛》第一幕第二场中帕帕基诺和帕米娜的二重唱、多尼采带《拉美莫尔的露琪亚》中第一幕第二场《乘着微风上》等，都是同一旋律男女声轮流演唱一次，然后是平行三、六度进行。

古诺的《罗密欧与朱丽叶》第一幕第一场，罗密欧与朱丽叶初识时唱了一句歌谣式的乐句，在朱丽叶重复了一次之后，罗密欧又用同样的旋律表示他与朱丽叶心心相印，最后这对主人公以平行六度的二声部重唱结束了这段音乐。

有时由于音域的差距，也可用不同的音色在不同的调性上演唱。例如威尔第的歌剧《弄臣》第二幕结束的二重唱就是这样的例子，弄臣和他女儿先是同唱一样的旋律，最后再平行进行。

莫扎特把他《唐·璜》中像这样类型结构的第七分曲《把你的

手给我》称作"小二重唱"。花花公子唐·璜请求农村姑娘采琳娜到他的城堡去，最初她心存戒备，装饰性的音调表示着她的内心犹豫不决，两个声部合唱的段落中有时分有时合，但最后终被说服，两声部相合演唱。肖邦非常喜欢这一段，因此，以它做主题写了一首变奏曲。

（2）多段综合

在浪漫主义的早期作品中这一类型的二重唱几乎都有宣叙调作为引子，然后在慢板—快板的基础上把快板部分扩充。当乐段的长度和难度方面有进一步地发展时，就构成了大二重唱。例如《特里斯坦和伊索尔德》中大二重唱占了整个第二幕。普契尼的《波希米亚人》第一幕、威尔第《假面舞会》等也都有同样的表现。

《蝴蝶夫人》第一幕巧巧桑与平克尔顿的"爱情二重唱"是普契尼歌剧中结构最复杂的一首二重唱。它由四大段组成。

第一段是建立在 A 大调上的安静的小行板。开始是这样的："夜色已降临，多么美丽的夜晚，我们在一起……"

第二段为缓慢的行板，由 A 大调转中段 F 大调，再现时回到 A 大调，下面是由平克尔顿开始的饱满柔和的歌声："亲爱的，你的眼睛里闪着光辉，使我入迷……"中段是庄重而宁静的行板，速度稍快些，复又回到开始的 A 大调音调。

第三段为多主题的拱形结构，其中还含有许多动机。由平克尔顿演唱，此为 A 大调："亲爱的姑娘，请你不要这样……"

巧巧桑接唱同，稍快的行板，转入 D 大调："请听，我亲爱的，当一见你，话儿多么甜蜜……"

这段唱逐渐又转向降 D 大调，巧巧桑唱道："你是这样的健壮，你的话语是这样的迷人，你的笑声是那么的爽朗。"经过一段过门进入另一行板层次，速度、力度也富于变化，曲调由降 E 大调转为降 B 大调一降 C 大调，然后在 A 大调上二声部重唱："亲爱的，你爱我吧！请不要让我悲伤……"

最后的第四段为行板，把巧巧桑与平克尔顿的爱情二重唱推向高潮，音调中含有巧巧桑初次出场时的主题。调性布局为 A 一降 A—F。歌词大意：多么迷人的夜晚，来吧，它深深地把我们拥抱……"

这多段综合结构的爱情二重唱以 A 大调为中心，最后在 F 大调的主和弦上结束。

3.三 重 唱

三重唱是一种专为三人合唱所谱制的乐曲。在歌剧中，除二重唱被广泛运用外，三重唱也是最常见的一种声部组合形式。

莫扎特就十分爱用三重唱，《女人心》第一幕第二场阿尔方索安慰两位青年的未婚妻时用的就是三重唱。在莫扎特的其他歌剧中，三重唱往往与二重唱、四重唱、五重唱等混合使用，其织体形态时而是自由模仿式，时而是对话式，时而是衬托式，时而是柱式，用得十分灵活。《卡门》第三幕第二十分曲是一段三重唱，前面的大量篇幅是两个吉卜赛姑娘的二重唱，然后进入卡门的声部，形成织体自由的三重唱，先为衬托式，最后为柱式。多种重唱形式混合使用的现象，在《费加罗的婚礼》中更是屡见不鲜。

另外，还有威尔第创作的歌剧《欧那尼》1830 年 2 月 15 日在巴黎首演时，全场报以热烈的掌声。歌剧故事叙述爱尔薇拉被迫和老公爵吕古梅结婚。但她却爱上了年轻英俊的西班牙大盗欧那尼，并准备一起私奔。然而，国王唐·卡罗斯也前来向爱尔薇拉求爱，因公爵上场，他们的计划都被打乱。国王绑架爱尔薇拉，欧那尼赶来与国王决斗，国王却认为强盗不配和他决斗而拒绝。不久，国王带兵捉拿欧那尼，欧那尼逃走。吕古梅公爵与爱尔薇拉结婚。欧那尼乔装香客借宿，前来相会爱尔薇拉，恰逢国王征剿大盗。吕古梅公爵出于贵族的荣誉，不肯交出欧那尼，国王把爱尔薇拉捉去做人质。欧那尼为报答吕古梅，拿出号角，无论何时，只要公爵需要，欧那尼立刻献出生命相报。后来，欧那尼和吕古梅的反国王势力集会，被叛徒出卖。国王决定处死参加叛乱的贵族，赦免欧那尼，并将爱尔薇拉许配于他。在新婚宴会上，忽然传来号角，吕古梅前来要命。欧那尼决不反悔，爱尔薇拉在欧那尼自刎后便随之而去，吕古梅深感痛苦，也结束了自己的生命。终场也是一段感人肺腑的三重唱。

三重唱的结构

除在某一戏剧场面中插入的短至一两句，长至更多一些乐句的乐段式三重唱结构外，还有斌格式和交响式。

（1）斌格式

罗西尼《塞维利亚的理发师》终幕的暴风雨过后三重唱（宣叙调和三重唱），体现了一种多主斌格式的结构。这是巴赫之前的斌格形式，乐曲的每一句都有自己的答句，整个乐曲由一连串的应答构成。

在三重唱之前是一段宣叙调，交代了情节的发展。风雨平息后伯爵阿尔马维瓦和费加罗沿着落水管爬上露台，潜入屋内。两人唱了一段宣叙调。

费加罗："我们终于到了！"

阿尔马维瓦："快亮灯吧，罗西娜在哪里？"

罗西娜出现了，她不知两人的计谋，唱道："休想把我当玩物！"

阿尔马维瓦承认自己就是罗西娜仍然爱着的林多罗，此时误会消除，皆大欢喜。

接下来的三重唱中，它的第一主题由罗西娜陈述，F大调。

罗西娜："啊，这瞬间，实在美妙，阿尔马维瓦和伯爵，竟然就是一人！多么意外，令人激动万分！"转调过渡由费加罗担任，他在一旁插嘴道："现在她知道自己所爱的人是谁了，这都是我的功劳！"答题由伯爵在属调上演唱："啊，这瞬间，实在快乐，它来得意外，令人激动万分！"费加罗的旁白又把调性引回 F 大调，然后是主题在他的声部上的进入："看吧，靠了我的聪明才智，有情人才能在一起。"

第二主题是一段花腔式的旋律，充分表现了主人公的喜悦心情。这一主题仍由女主角首先呈示，答题由伯爵紧跟，费加罗的旁白由第一段的句后过渡进而为句中的呼应。罗西娜："哦，结合在一起，多么幸运，不再忧伤。"阿尔马维瓦："哦，结合在一起，多么幸运，不再忧伤。"

这次是一个宣叙式的间插，这段的末尾三人以花腔形式结合起来。

第三主题是一个欢快的歌曲，改由伯爵首呈，与前两段不同的是主答题之间的关系不再是简单的音色交替变奏，而是音色的叠置，因此，当费加罗声部继罗西娜答题之后的进入时，已是三部重合。

伯爵：紧步轻声，遮灯莫慌，沿梯穿窗。

罗西娜：紧步轻声，遮灯莫慌，沿梯穿窗。

费加罗：紧步轻声，遮灯莫慌，沿梯穿窗。

罗西尼的这段三重唱是采用多主题斌格式的格律形式。它恰当地表现了戏剧发展环节上不同角色的同样心情。不同的主题又多侧面地揭示了人物心境的层层递进，因此成为歌剧中脍炙人口的精品。

（2）交响式

莫扎特把他的交响乐写作技巧用进歌剧的创作中。《费加罗的婚礼》第一幕中伯爵正想调戏苏珊娜，恰被音乐教师巴西利奥撞到，而苏珊娜又为了要藏匿凯鲁比诺而紧张。表现这一情景的第七分曲的三重唱是一个三部性的结构，呈示部主部有两个动机，其一是表示伯爵的气愤，其二则为巴西利奥的道歉。连接部由苏珊娜唱出，之后在F大调进入第三动机，那就是表示这三人都很尴尬的动机。虽然这三个动机的素材与剧中人物的咏叹调旋律并无关系，但在这段重唱中却也能把人物在情景中的心态表现得很好。

4.四　重　唱

　　所谓四重唱，就是四声部合唱的复音歌曲。这种作品，是由作曲家弗莱米斯于 *1450* 年左右创立。*16* 世纪的许多歌曲例如《经文》《弥撒曲》《牧歌》等，均由四部组成。以后有扩充为五部、六部至八部的结构。*17* 世纪，四部合唱作品只用于英国的无伴奏的格利合唱和德国的圣咏合唱。到了 *19* 世纪，由于英国的合唱俱乐部倡导的一种叫作 "a cappela" 的无伴奏合唱，而且，此类作品被认为是研究和声学及对位法的最佳途径。

　　在歌剧中是指在同一戏剧场景中，四个出场人物的戏用四重唱形式来表现各人的心理情感状况，这是作曲家的常用手段。例如普契尼的歌剧《艺术家的生涯》中的第一幕诗人、画家、哲学家、音乐家这四个穷困潦倒的青年在拉丁区破旧阁楼上生火取暖、狼吞虎咽的时候，便穷开心地唱起了四重唱。

　　威尔第的歌剧《奥赛罗》第二幕第四场，黛丝德蒙娜为卡西奥求情，给妒火中烧的奥赛罗火上浇油，令其言语充满恼怒，黛丝德蒙娜问道："是什么叫你心烦？"奥赛罗称"头痛难忍……"黛丝德蒙娜拿出手帕要为奥赛罗消痛，奥赛罗粗暴地将手帕扔到地上："你快走！你快走！"就在这矛盾冲突激化的关键时刻，威尔第安排了一段黛丝德蒙娜、奥赛罗、雅戈、雅戈之妻爱米丽亚的四重唱。奥赛罗与黛丝德蒙娜痛苦万状，爱米丽亚指责丈夫施阴谋诡计，雅戈强令爱米丽亚将捡起的手帕交给他。这段音乐对此时各人的心理进行了微妙的解释。

　　还有《弄臣》第三幕中公爵、玛德琳娜、吉尔达、弄臣的四重唱，先让各个角色逐一亮相，最后，再把四个声部巧妙结合。

弄臣计划在刺客开的小客栈里把公爵杀死。公爵来到后与刺客的妹妹玛德琳娜调情。弄臣的女儿吉尔达在窗外见此情景，感慨万分，而弄臣决心要复仇。

这段四重唱中先是公爵上场，他以甜言蜜语向玛德琳娜献殷勤。

公爵：美人，我记得，有一天我曾和你相遇。

玛德琳娜：放开我，你好轻佻！

公爵：唉，你怎么一碰就叫！

玛德琳娜：别胡闹……

他们的打情骂俏恰好被窗外的弄臣父女听到。

弄臣：（对女儿吉尔达）难道他的表演还不充分？

吉尔达：无情无义的人……

接着是公爵旋律的反复，同时与其他三人的旋律交织。

公爵：赞美你。我的爱神，我是你忠实的仆人……

玛德琳娜：哈，哈，你开这样的玩笑，我觉得十分好笑……

吉尔达：多么丑恶啊，同样的谎言，我曾倾听，我曾相信。

心儿受欺骗，多么不幸，多么伤心。

（白）我怎会爱上这样的一个人！

弄臣：安静，安静，你何必眼泪流不停，他欺骗了你，这已得到证明。安静，安静，我要立刻报仇雪恨，加速进行，似霹雳雷霆，一下子结束他的生命！……

作曲家在乐曲的最后把主要旋律交给吉尔达，一连串的音乐刻画了她内心剧烈的痛苦。

我们从这段音乐中可以看到，威尔第是以公爵的声部为主，其余三个声部都是装饰性的对比，但它们的旋律又都有各自的特点，充分显示了每个角色的曲调特征和人物性格。因此，这段音乐既清晰又有立体感，成为该剧中的经典，受到原剧作者雨果的赞赏。

另外，四重唱并不一定都是戏剧性很强的场面，有时只是情节发展进程中的一个短暂中止。例如贝多芬的《费德里奥》第一幕第一场中的四重唱，列昂诺拉乔扮男装，不料被典狱长罗科的女儿玛切琳娜看中，这又引起她的情人雅基诺的不快。这段音乐的主题是相同的，但歌词不一。旋律先由女高音的玛切琳娜唱出，继而分别由列昂诺拉、罗科及雅基诺以八度进入模仿。贝多芬用这样的织体表示他们议论的是同一件事，因此，模仿声部的歌词听不清也无碍大局。在歌剧《浮士德》第三幕中玛格丽特、梅菲斯托费勒斯、玛尔塔和浮士德的四重唱也没有强烈的戏剧冲突，也只是普通的终场而已。

大多数的作曲家都希望四重唱由均衡的男女高低音声部组成，而这愿望又必须符合剧情的发展才行，这就使得四重唱的发生概率相对要少些，不像二重唱那样几乎是每一部歌剧都有。另外，声部的关系复杂总是影响到效果的清晰，这就使得四重唱的篇幅不可能太长。

5. 大 合 唱

　　大合唱包括独唱、重唱、对唱、齐唱与合唱（有时穿插朗诵），通常由管弦乐队伴奏的多乐章的大型声乐套曲。

　　大合唱指集体演唱多声部声乐作品的艺术门类。它要求歌唱群体音响的高度统一与协调，是普及性最强、参与面最广的音乐演出形式之一。人声作为合唱艺术的表现工具，有着其独特的优越性，能够最直接地表达音乐作品中的思想情感，激发听众的情感共鸣。

　　《黄河大合唱》是冼星海最重要的和影响最大的一部代表作，作于 19399 年 3 月，并于 1941 年在苏联重新整理加工。这部作品由诗人光未然作词，以黄河为背景，热情歌颂中华民族源远流长的光荣历史和中国人民坚强不屈的斗争精神，痛诉侵略者的残暴和人民遭受的深重灾难，广阔地展现了抗日战争的壮丽图景，并向全中国乃至全世界发出了民族解放的战斗警号，从而塑造起中华民族巨人般的英雄形象。

　　《黄河大合唱》写成于抗日战争时期。1938 年秋冬，光未然随抗日部队行军至大西北的黄河岸边。中国雄奇的山川，战士英勇的身姿激发了光未然的创作灵感，时代的呼唤促使他怀着高涨的爱国热情谱写了一篇大型朗诵诗《黄河吟》，后来被改写成《黄河大合唱》的歌词。作品由八个乐章组成，它以丰富的艺术形象，壮阔的历史场景和磅礴的气势，表现出黄河儿女的英雄气概。

6. 对　　唱

　　两个或两组歌唱者的对答式演唱。陆地《美丽的南方》四："这时，山头和田野传来一阵一阵的山歌，有时是对唱，有时是几个人联合唱。"

　　对唱为两个人对答式的演唱，形式较为活泼，对唱与重唱不同，所演唱的是单声部歌曲。根据人声的不同还可分为女生对唱、男生对唱、男女生对唱等，也可以分两组对唱。

　　对唱形式在民歌中应用非常普遍。在非洲，部落居民聚会商讨重大问题或进行宗教仪式时，经常利用对唱的方式交流。欧洲许多国家民间聚会狂欢时载歌载舞也经常利用对唱方式。中国乡间尤其是少数民族地区，对歌经常是青年男女表达爱情的重要方式。

　　现代流行音乐中，尤其是摇滚乐中也经常使用对唱形式，深受美洲黑人音乐的影响。

　　西方古典音乐中也有对唱的形式。

　　对唱形式也有由领唱者发问，伴唱合唱队多人回答的形式，也有乐器加入过门回答的方式。

7.音 乐 剧

音乐剧将戏剧、音乐、歌舞等熔于一炉，富于幽默情趣和喜剧色彩。它的音乐通俗易懂，因此深受大众欢迎。音乐剧演出最频密的地方是美国纽约市的百老汇和英国的伦敦西区。因此，百老汇音乐剧这个称谓可以指在百老汇地区上演的音乐剧，又往往可泛指所有近似百老汇风格的音乐剧。

音乐剧是 20 世纪出现的一门新兴的综合舞台艺术，集歌、舞、剧于一体，广泛地采用了高科技的舞美技术，不断追求视觉效果和听觉效果的完美结合。同时，西方的音乐剧在百年多的商业表演经验中总结出了一套成功的市场运作手段，并且创作出一系列老少皆宜的优秀剧目，使这一艺术形式突破年龄、阶层等客观因素的局限，广受观众的喜爱。随着我国经济的快速发展，人民群众对文化娱乐的需求也出现了多元变化，音乐剧这种新的艺术样式很快以其视听兼备、雅俗共赏的特质吸引了一批固定的并且正在不断扩大的受众人群。

音乐剧，又称为"歌舞剧"，是音乐、歌曲、舞蹈和对白结合的一种戏剧表演，剧中的幽默、讽刺、感伤、爱情、愤怒作为动人的组成部分，与剧情本身通过演员的语言、音乐和动作及固定的演绎传达给观众。一些著名的音乐剧包括《奥克拉荷马》《音乐之声》《西区故事》《悲惨世界》《猫》《歌剧魅影》等。

音乐剧特点

和歌剧的区别是，音乐剧经常运用一些不同类型的流行音乐和流行音乐的乐器编制。在音乐剧里面可以容许出现没有音乐伴奏的对白，而音乐剧里面也没有运用歌剧的一些传统，例如没有了宣叙调和咏叹调的区分，歌唱的方法也不一定是美声唱法。但音乐剧和歌剧的区分界线仍然有不少学者争议，例如格什温作曲的《波吉与贝丝》就曾同时被人称作"歌剧""民谣歌剧""音乐剧"。一些音乐剧如《悲惨世界》是从头到尾都有音乐伴奏，而一些轻歌剧如《卡门》却有对白。

音乐剧普遍比歌剧有更多舞蹈的成分，早期的音乐剧甚至是没有剧本的歌舞表演。虽然著名的歌剧作曲家华格纳在 19 世纪中期已经提出总体艺术，认为音乐和戏剧应融合为一。但在华格纳的音乐剧里面音乐依然是主导，相比之下，音乐剧里戏剧、舞蹈的成分更重要。

音乐剧与歌舞片

很多音乐剧后来又被移植为歌舞片，而剧场版本和电影版本并不一定完全相同，因为剧场擅长场面调度和较为抽象的表达形式，利用观众的想象去幻想故事发生的环境，而电影则擅长实景的拍摄和镜头剪辑的运用。《西区故事》是其中一个将舞台版本成功移植为电影版本的音乐剧，在横街小巷取景，开创了后来很多音乐电影的先河。也有歌舞片移植为音乐剧的例子，例如《万花嬉春》是先有歌舞片，后来才被移植成音乐剧。

音乐剧善于以音乐和舞蹈表达人物的情感、故事的发展和戏剧的冲突。在戏剧表达的形式上，音乐剧是属于表现主义的。在一首曲之中，时空可以被压缩或放大，例如男女主角可以在一首歌曲的过程中由相识变成坠入爱河，这是一般写实主义的戏剧中不允许的。

音乐剧结构

音乐剧的文本由以下几个部分组成：音乐的部分称为"乐谱"、歌唱的字句称为"句诗"、对白的字句称为"剧本"。有时音乐剧也会沿用歌剧里面的称谓，将歌词和剧本统称为"曲本"。

音乐剧的长度并没有固定标准，但大多数音乐剧的长度都在2～3小时。通常分为两幕，间以中场休息。如果将歌曲的重复和背景音乐计算在内，一出完整的音乐剧通常包含20～30首曲。

音乐剧历史

在17～18世纪的欧洲，音乐成了人们用来表达思想和感情的有力工具。在欧洲，各种各样的音乐都得以繁荣发展，出现了清唱剧和歌剧。但华丽或庄严的歌剧或清唱剧并不能完全满足观众，于是出现了被称之为"居于杂耍和歌剧中间"的艺术形式。

历史上第一部"音乐剧"是约翰·凯的《乞丐的歌剧》，首演于1728年的伦敦，当时被称为"民间歌剧"，它采用了当时流传甚广的歌曲作为穿插故事情节的主线。1750年，一个巡回演出团在美国北部首次上演了《乞丐的歌剧》，这便是美国人亲身体验音乐剧的开端。1866年，《黑魔鬼》成为美国第一部音乐剧。德国的喜剧《穿紧身衣跳舞的女孩》，滑稽的歌曲，以及侏儒和妖精的扮相等，奇异的场面令人惊异。西方的很多国家都开始了音乐剧的创作。美国人对音乐剧的兴奋和拥护"就像当年米兰人等待普契尼的新歌剧，或维也纳人等待勃拉姆斯的新作交响曲一般"。

种类繁多的美国娱乐

19 世纪，城市在美国纷纷建立，音乐剧随之发展起来。它们以城市观众为对象，出现了轻歌舞剧及其更为粗俗的姐妹剧种——滑稽表演。轻歌舞剧适合每个人的口味，每周的节目单上有杂技、魔术、舞蹈、动物表演、单口相声、唱歌和滑稽戏等。轻歌舞剧的来源有合法剧院的幕间特别节目、黑人歌曲表演、英国音乐厅的表演。这种雏形的美国音乐剧还只停留在模仿和沿袭欧洲轻歌舞手法的阶段，其中，歌、舞、哑剧、滑稽戏甚至杂耍、魔术等各种艺术手段都可采用，不过，直到 *1890* 年，喜剧《唐人街之旅》成为一个里程碑，这部戏证明了音乐剧可以有美国的故事，也可以有美国的歌曲，如《巴华利街歌》。这首歌本来是一首很动听的民歌，一首地地道道的美国歌，更为重要的是，该剧不仅有美国歌曲、美国故事，而且还有美国人说话的方式，就是说，所有的角色都用俗语说话。

小歌居时时代

进入 *20* 世纪，欧洲的作曲家给美国带来了一种小歌剧形式。由于多年来受到欧洲歌剧如吉尔伯特和苏利温的英国喜歌剧，加上其他的天才如约翰·斯特劳斯的维也纳小歌剧，奥芬巴赫的法国轻歌剧等的影响，使观众自动地有了一套评判音乐好坏的标准，而且也影响了观众的欣赏口味。有蕴味的情节、优美的音乐和文雅的歌词成为编创者追求的目标。*1927* 年，由吉罗姆·科恩和奥斯卡·汉姆斯特恩所作的《画舫漩宫》（该剧是至今仍在上演的优秀的音乐剧中最早的一部作品）在某种意义上说它也是一部真正的小歌剧。它以密西西比河上一艘表演船为背景，描述船长、船长夫人、女儿木兰小姐、赌徒女婿、剧团台柱黑白混血的朱莉小姐、船底黑奴、黑厨娘的故事，还有密西西比河沿岸的人情世故、悲欢离合为内容，全剧长达 4 个小时。首演之夜，百老汇的观众被吓呆了，他们不晓得原来"Musi-cal"不是只有歌舞喜闹剧，竟然是可以这样的"戏剧"！从此，百老汇音乐剧开始了现代剧目的尝试，音乐剧的编导开始更注意故事情节及歌曲的创作，从而更丰富了音乐剧的形式。

与小歌剧并存于同一时代的还有时事讽刺剧，在音乐舞台上它以没有完整故事的形式和通俗的方式兴盛着，这种歌舞虽没有情节，却开着冷玩笑，利用这种讽刺的手法把戏剧或歌剧滑稽化，它模拟流行的东西或对流行的丑闻放冷箭——这些到今天仍然是我们的歌舞的主要材料。

爵士乐进入音乐剧

爵士音乐是 19 世纪末 20 世纪初源于美国南部新奥尔良的一种流行音乐。从它的身上可以找到美国民歌小调、黑人灵乐怨曲和各种村音俗韵的身影，风格多样，动感强。第一部伟大的令人不能忘怀的歌舞名为《当心你的脚步》，1914 年，在新阿姆斯特丹剧院上演。对于此事最有贡献的是艾尔文·伯林。他创作出了那种精细的切分音拍子的歌曲，使得美国的音乐剧舞台与爵士音乐永远结了不解之缘。"爵士"成为音乐剧的"音乐俗语"。不少作曲家也将爵士的因素引入创作中。乔治·葛什温开创的就是一种"交响味"的爵士风。1924 年，由葛什温兄弟创作的《女士，好样的》就开创了20世纪20年代百老汇音乐剧的爵士舞风格，该剧也使弗瑞德·阿斯泰尔和妹妹阿德勒成为百老汇首屈一指的歌舞明星。至此，美国音乐剧掀开了它的新纪元，作品逐步趋于成熟。

20世纪40～60年代，受欧洲轻歌舞剧和爵士音乐的影响，产生了一大批优秀的百老汇音乐剧经典剧目。在这期间的作品已经成为年轻的古典了，例如：以美国西南部俄克拉荷马拓荒地区为背景的《俄克拉荷马》（1943年），该剧1955年被拍成电影并获奥斯卡金像奖；1964年，艾尔文·伯林的《安妮，拿起你的枪》、考勒·波特的根据萧伯纳剧本改编的音乐剧《窈窕淑女》，1956年在纽约首演，1964年被拍成电影并获奥斯卡金像奖；1957年在纽约首演的《西区故事》，1961年被拍成电影也获奥斯卡金像奖；1964年在纽约首演，反映沙俄时代犹太人命运的《屋顶上的提琴手》，1971年被拍成电影获奥斯卡奖。

百花齐放的现代

在20世纪六七十年代，前卫剧场的观念渗入主流作品，摇滚乐、社会变迁丰富创作的素材、欧陆作品进口美国，百花齐放。

20世纪60年代，甲壳虫和摇滚乐由英国冲向世界，各国音乐剧作曲家对这股不可抗拒的力量由抵制逐渐转向吸收。英国的韦伯率先在《万世魔星》这部以古老的圣经故事改编的内容沉痛、主题严肃的音乐剧中采用了轻音乐及摇滚乐，使之具有了现代感，歌曲变得活泼、通俗、易于演唱。在配器上也打破了管弦乐的严格限制，将电声乐器引入音乐剧，从而加强了它的时代感和表现力。加之由于现代音响广播设备的更新和普及，许多音乐剧中脍炙人口的歌曲通过现代传播媒介手段，很快就风靡世界，成为全球流行歌曲，如《艾维塔》中的《阿根廷别为我哭泣》及《猫》中的《回忆》在音乐会及平时街头广播中都可常听见，致使许多没有看过此剧的人也产生了一睹为快的期待。

20 世纪七八十年代，"音乐剧"的创作热潮转向伦敦，英国创造了与美国风格大不相同的"音乐剧"，出现了一批英国"音乐剧"经典剧目，引起全世界的瞩目。尤其是作曲家安德鲁·劳埃德·韦伯的《万世巨星耶稣基督》（1971）、《艾维塔》（1976）、《猫》（1981）、《歌剧院的幽灵》（1986）和《日落大道》（1993），以及根据雨果名著《悲惨世界》创作的音乐剧《悲惨世界》（1980）都成了世界各地竞相上演的保留剧目，它们在音乐和戏剧上都有了突破和飞跃。

音乐剧的流派

音乐剧根据不同的分类标准可以有不同的分类。音乐剧流派的开始和壮大总是与杰出的作曲家和剧作家，尤其是他们的不朽的作品联系在一起的。

科恩、罗杰斯和小哈姆斯坦的古典音乐剧流派；勒纳和洛维的小歌剧流派、桑德海姆和普林斯的"概念音乐剧"流派；韦伯和莱斯的现代流派音乐剧；勋伯格和鲍伯利的史诗流派；吕克·普拉蒙登和理查德·科钱特的浪漫主义流派和方兴未艾的后现代流派音乐剧向世人打造了一个五彩缤纷的音乐剧舞台。

音乐剧名家

（1）英国戏剧家安德鲁·劳埃德·韦伯

安德鲁·劳埃德·韦伯 1948 年出生于英国伦敦。他的第一部音乐剧已表现出了对流行音乐的着迷，结合了迷幻、乡村与法国小调三种元素。

20 世纪 70 年代早期，韦伯与莱斯合写的作品是大胆的《万世巨星耶稣基督》，获得了格莱美奖。该剧于 1971 年在纽约上演时，获得了七项托尼奖，包括最佳原作曲和最佳音乐剧奖。1973 年，该剧被拍成电影。韦伯根据托马斯·艾略特的《擅长装扮的老猫经》改编的《猫》开始成为迄今为止韦伯在商业上最成功的作品。

1995 年，《猫》以史无前例的演出纪录庆祝它在百老汇上演 10 周年。《猫》《星光快车》及《万世白星耶稣基督》三部韦伯的作品是伦敦戏剧史上演出时间最长的三部音乐剧。韦伯是改写音乐剧历史的最伟大的音乐家之一。

（2）美国歌剧大师乔治·格什温

乔治·格什温从小就表现出对音乐的极大热情。1919 年，他与欧文·凯撒的合作曲子《斯瓦尼》使他第一次出名。同年，他被委任为《乔治·怀特 1919 年的丑闻》一剧作曲，其中一些歌曲成为美国流行音乐中的里程碑，如《我要建一条通往天堂的梯子》《有人爱我》等。

1935 年，他的民歌歌剧《波吉与贝丝》在波士顿上演，成为格什温上演最多的剧目之一。1936 年，格什温兄弟转到好莱坞去发展，进入了一个新的创作时期。他们为《我们跳舞吗》（1937）、《困苦中的年轻女人》（*1937*）谱曲，为另一部影片《古德温闹剧》（*1938*）谱曲时，乔治病倒了，去世。

音乐剧的主要类型

（*1*）百老汇音乐剧

像"好莱坞"与美国电影的关系一样，一提起"百老汇"人们便会很自然地想到美国戏剧。百老汇是纽约市曼哈顿区的一条大街的名称。这条大街的中段一直是美国商业性戏剧娱乐的中心，因此，"百老汇"就成为美国戏剧活动的代名词了。百老汇曾经有非常辉煌的历史，这是与美国商业音乐剧的历史密切联系的。百老汇音乐剧的前身是黑人游艺表演、滑稽剧、歌舞杂剧等，比较多地受爵士乐、摇滚乐的影响，其舞蹈有独创的百老汇风格。*1904* 年，比特尔·琼斯明确了音乐剧的概念，真正有代表性的剧目是 *1927* 年的《演出船》，它综合地把歌曲、舞蹈和故事情节、话剧表演结合起来。可以说，是音乐剧把美国风格的爵士乐和与爵士乐配合得摇摆性很强的舞蹈成功地结合在一起。《俄克拉荷马》《西区故事》《平步青云》都是在百老汇相继走红的重要音乐剧目。此外，在百老汇经年不衰的音乐剧还有《歌剧院幽灵》《悲惨世界》《西贡小姐》《美女与野兽》等。

（*2*）黑人音乐剧

音乐剧表现手段从以欧洲为主移向以美国为主，就是因为黑人的褴褛时代爵士乐、灵魂音乐、游吟和忧伤蓝调的流行。再后来的摇摆乐也有强烈的黑人音乐背景。著名的黑人音乐剧包括《演出船》《波吉与贝丝》《天空小屋》《圣路易斯的女人》《牙买加》《花之房》（*1954*）等。

（3）伦敦西区音乐剧

伦敦西区音乐剧更多地受歌剧和轻歌剧的影响。英国音乐剧的发展很少在舞蹈方面做特别突出的改进，这里的艺术形式的结合是把歌剧、轻歌剧的传统及音乐喜剧的传统与爵士乐、踢踏舞和芭蕾进行一定程度的结合。20世纪70年代，英国出现了两位音乐剧创作巨匠：安德鲁·劳埃德·韦伯和带姆·莱斯，随即英国音乐剧就出现艺术上的转折。在风格上，韦伯创作的音乐剧偏重音乐，舞蹈相对较少；在制作上，英国音乐剧著名制作人卡麦隆·麦金托什非常注重把舞台上的各种技术——布景、服装、灯光等与其他手段结合起来。很快百老汇感到了来自伦敦西区的巨大压力和挑战。伦敦西区的著名音乐剧包括《悲惨世界》、《西贡小姐》（1991年才移师纽约的百老汇）、《猫》、《歌剧院的幽灵》（后来移师纽约百老汇）等。此外，似乎所有的音乐剧从伦敦搬到百老汇都能获得成功，比如《象棋》《男朋友》《奥立弗》《可爱的战争》《查里姑娘》等，无不如此。

西方音乐剧

音乐剧起源可以追溯到19世纪的轻歌剧、喜剧和黑人剧。

初期的音乐剧并没有固定剧本，甚至包含了杂技、马戏等元素。自从1927年演艺船（画舸漩宫）开始着重文本之后，音乐剧开始踏入它的黄金岁月。这时期的音乐剧多宣扬乐观思想，并经常以大团圆的喜剧结局。直至20世纪60年代摇滚乐和电视普及之前，音乐剧一直是最受美国人欢迎的娱乐和演艺形式。20世纪80年代以后，英国伦敦西区的音乐剧演出蓬勃发展，已经追上百老汇的盛况。后来出现法文的音乐剧，如《星梦》《钟楼怪人》《罗密欧与朱丽叶》《小王子》

《悲惨世界》（后改编为英文版，曾在百老汇演出）等。还有德语音乐剧，如《伊丽莎白》《吸血鬼之舞》《丽贝卡》《鲁道夫》等。

而随着英国和美国的音乐剧经常在世界各地巡回演出，音乐剧也开始在日本、韩国、中国内陆、中国台湾、中国香港、新加坡等亚洲地区流行。

发展和著名剧目

（1）载入史册的音乐剧——《快乐的少女》

1893 年，曾经活跃一时的英国人琼斯完成了一部后来载入史册的音乐剧——《快乐的少女》，在伦敦王子剧院首演时引起观众狂热反响。剧情故事生动连贯，舞蹈演员即是剧中人物，采用相关的舞蹈动作和话剧式的丑角说白，清晰叙述了这些演员如何千方百计跻身于贵族社会的故事。剧情、音乐、舞蹈、喜剧表演等诸多因素自然组合，令人耳目一新。这种初显形态的音乐戏剧，吸取了 18 世纪民谣歌剧和 19 世纪喜歌剧、轻歌剧的表现成分，融入古典舞、民间舞、话剧表演等多种因素，成为独具风采的新型舞台艺术门类。

（2）百老汇音乐剧之父

第一次世界大战后，音乐剧传播到美国，并在美国得到高度发展。美国纽约的百老汇，被视为音乐剧中心，甚至将音乐剧统称为"百老汇音乐剧"。美国音乐剧的内容，偏重于谈情说爱及幽默风趣，音乐轻松愉快。其典型代表人物科恩人称"百老汇音乐剧之父"。

科恩 1885 年 1 月生于纽约。年轻时曾在纽约音乐学院学习钢琴，1903 年，赴英国伦敦学习作曲，同时潜心研究轻歌剧、音乐喜剧的创作表演经验，并参加创作实践。自 1904 年起，他先后创作音乐剧

50 部，其中，《演艺船》（*1927*）最为出众。

故事叙述了 *20 世纪 20 年代*密西西比河上一个在船上演出的流动剧院演员在时代变迁和种族歧视的社会环境中悲欢离合的生活景象。船主安迪的女儿马格诺莉雅与游手好闲的青年拉威涅相爱，婚后生了一个女儿取名"吉姆"。一天，船主发现女婿拉威涅竟是赌棍，将其驱逐，吉姆随同离去。马格诺莉雅无奈在夜总会登台献艺，艰苦奋斗了 *21 年*，终于成为著名音乐喜剧明星。最后回到船上，挽救了日益衰败的演艺船，拉威涅和女儿吉姆也回到船上，一家人终于团聚。剧情中加入了民间歌舞、爵士乐、查尔斯顿等清新歌舞，歌曲旋律深沉感人，以《老人河》最为著名。在演出中，美国黑人男低音歌唱家保罗·罗伯逊饰船工乔一角，成功演唱苍劲、悲切的《老人河》使其扬名世界。

（2）发展中的百老汇音乐剧

*20 世纪*同样引人注目的还有格什温的《开始奏乐》（*1927*）、《疯狂的女郎》（*1930*）、《我为你歌唱》（*1931*）及 *1935 年*创作的黑人民间音乐剧《波吉与贝丝》，其中的《我为你歌唱》因为剧中讽刺了美国总统选举中的弊病，受到观众的热烈欢迎，并成为第一部获得"普利策奖"的音乐剧。

自 *20 世纪 20 年代*起，百老汇名家辈出，经典佳作频频登台，商业操作生意兴隆，持续铸造数十年的辉煌。百老汇音乐剧发展史上，除科恩、格什温等风云人物外，在四五十年代有过密切合作的作曲家罗杰斯和剧作家哈默斯坦也为音乐剧事业做出过巨大贡献。他俩合作的《俄克拉荷马》于 *1943 年 3 月*在纽约圣詹姆斯剧院首演，获得空前成功。这是一部反映农村青年爱情生活的故事。其中，女主人公劳芮做梦的场景，描写梦幻中与恋人克莱的绵绵情语——雇工加德与克莱斗殴，劳芮相阻——劳芮在加德追逐下奔跑、挣扎……最后从梦中惊醒。剧中巧妙运用双人舞、三人舞，与剧情和谐巧妙地结合，舞姿舞步做了民俗化、美国化的改革，以区别古典概念的芭蕾舞。《俄克拉荷马》是一部里程碑式的作品，成功实践了多种要素的完美综合。此后，罗杰斯和哈默斯坦又合作完成了《旋转木马》《南太平洋》《国王与我》。还有一部中国观众十分熟悉的音乐剧，这就是《音乐之声》。这部音乐剧后来被搬上了银幕，作品中的许多歌曲，可谓脍炙人口，流传甚广。

20世纪五六十年代是百老汇音乐剧的全盛时期，在强化歌唱、舞蹈、表演、剧情的有机综合功能方面又做了一系列大胆革新。精湛的专业化创作技巧和美国作风的音乐舞蹈浑然一体，将音乐剧的艺术品位和演员的多能性表演艺术提升到新的境界。1957年9月16日，由普林斯制作、伯恩斯坦作曲、劳伦茨编剧、桑岱姆作词、罗宾斯导演的《西区故事》在百老汇首演，标志着音乐剧艺术最佳发展阶段的开始。此剧1961年拍成电影，荣获十项奥斯卡奖。作品从莎士比亚名剧《罗密欧与朱丽叶》获得灵感，地点从维罗那古城变为现代曼哈顿西区，人物关系由原剧两个世代宿怨的贵族家族移植为落后、贫穷的移民集聚地的两个青年团伙争夺地盘的恶斗，男女主人公托尼和玛丽亚分属不同群体，最后以悲剧告终。该剧融会复杂的爵士节奏和富于冲击力的音响律动，歌曲音调着重深入揭示人物内心情感，将音乐完全置于剧情之中。虽为爵士流行风，却不追求听觉的效果，给了观众以细细咀嚼回味的余地。剧中歌曲《玛丽亚》《今晚》《阿美利加》

等韵味十足，百听不厌。

继《西区故事》之后，百老汇陆续推出一些风格迥异的音乐剧,《吉卜赛》（1959）、《音乐之声》（1959）、《卡米洛特》（1960）、《您好，多莉》（1963）、《屋顶上的小提琴》（1964）、《滑稽女郎》（1964）、《油脂仔》（1972）、《平步青云》（1975）、《芝加哥》（1976）、《安妮》（1977）、《第42街》（1980），以及红极20世纪90年代的《美女与野兽》《狮子王》《为你疯狂》和心理剧《化身博士》等，令人目不暇接。其中不少作品从纽约到世界，从舞台到屏幕，展示了音乐剧这一独特艺术品种的千姿百态。

（4）伦敦西区的《奥立弗》"挑战"百老汇

自20世纪60年代起，伦敦西区的音乐剧创作表演正急起直追，不时发起向百老汇的冲锋，"音乐剧中心"百老汇受到严峻的和强烈的震撼。

1960年6月，由巴特根据狄更斯的小说《孤星泪》（《雾都孤儿》）编剧作词作曲的《奥立弗》首演于伦敦。1963年，进入百老汇舞台，荣获两项托尼奖。该剧没有舞蹈场面，将创作重点放在戏剧表演、各种形式的演唱和舞台布景的创新上，采用并行转台展现维多利亚时代伦敦社会图景，让观众直观感受到故事发生的特定环境，对奥立弗的悲惨命运给予深深的同情。也正是在60年代，伦敦剧坛升起了一颗作曲新星，那就是安德鲁·劳埃德·韦伯。他具有扎实的古典音乐根基，擅长钢琴、小提琴等乐器演奏，对新潮流行音乐和音乐剧情有独钟。1967年，他与词作家蒂姆·莱斯（1944）合作《约瑟夫和神奇彩衣》，此剧1981年在百老汇连演800多场，1982年，获包括音乐在内的托尼奖多项提名。*1971 年 10 月*，他们合作的摇滚音乐剧《万世巨星耶稣基督》在百老汇首演，此剧取材于圣经故事，灵感来自霍尔拜的油画《墓中的基督尸体》，通过对以基督与犹大为中心的复杂人物关系折射当代社会普遍的人性命题，寓以深刻的哲理意味。*1978 年 6 月*，他们的又一部摇滚音乐剧《艾维塔》在伦敦隆重上演，故事取材于阿根廷前总统庇隆第二任夫人艾维塔的生活事迹，*1979 年 9 月*，在百老汇连演 *1 560* 多场，荣获 *7* 项托尼奖和纽约戏剧评论界最佳音乐奖。以上两部摇滚音乐剧为了使观众深入了解故事情节和人物关系，调动了旁白演唱的形式，《艾维塔》中演唱的摇滚歌曲《如此一个竞技场》《金钱滚滚来》有力地推动着情节发展。这部音乐剧中还有一首并非摇滚的主题歌《阿根廷别为我哭泣》，以其楚楚动人的旋律而风靡世界。他的惊世巨作《猫》*1981 年 5 月*在伦敦首演轰动了百老汇。此后，他又创作了以舞蹈精彩绝伦而著称的《星光快车》《剧院幽灵》（*1986*）和 *20* 世纪 *90* 年代荣获 *8* 项托尼奖的《日落大道》等传世名剧。

　　20 世纪八九十年代称雄世界音乐剧坛的伦敦西区，除了韦伯，还有作曲家勋伯格和著名制作人卡麦隆·麦金托什。他们的配合往往能取得良好效果。麦金托什是一位聪明的艺术经营者，用高质量艺术作品赢得千千万万的观众。他与韦伯合作的《猫》《歌剧院的幽灵》，与勋伯格合作的《悲惨世界》《西贡小姐》，以及重新制作的许多经典剧目都为世人所瞩目。

　　（*5*）世界经典音乐剧——《悲惨世界》

　　根据法国 *19* 世纪雨果的经典小说《悲惨世界》改编的同名音乐剧是麦金托什制作的四大名剧之一。它由阿兰·鲍伯利作词，勋伯格作曲，特里沃·南与约翰·凯德合作编剧、导演。此剧最早是 1980 年巴黎演出的法语版本，麦金托什为其音乐所感动，决定重新制作，由芬顿将法语歌词译成英语，并请诗人赫伯特·克雷茨默对歌词重新修改加工，成为通行的英语版本。继 1985 年 10 月在伦敦首演、1987 年 3 月在百老汇隆重推出以来，至今已在 30 多个国家、200 多个城市用 21 种不同语言演出过 54 种制作版本，该剧获得了 50 多个重要的国际奖项。

2002 年 6 月 22 日，美国国家巡演团在中国上海持续演出 22 场。上海大剧院的演出广告用大字写道："《悲惨世界》，创造历史，首部中国上演的百老汇音乐剧。百老汇巨星康姆·威尔金森专程加盟，再度诠释冉·阿让。美国国家巡演团倾情演绎，上海大剧院震撼巨献。"国内外观众纷至沓来，大剧院门票告罄，剧场内掌声雷动，此次演出成为上海文化生活的一大盛事。《悲惨世界》以逃亡的冉·阿让与警探沙威周旋，终其一生逃避追捕迫害的故事为主线，多侧面表现冉·阿让舍己救人，给予苦难中的人们以同情和关爱的人道主义精神，史诗般地反映了 19 世纪法国 30 年动荡历程中人间的悲欢离合和人民大众英勇抗争的业绩。

《悲惨世界》这部音乐剧贵在写实，实在难得，其流动的舞台、巨大的转盘、丰富的场景给观众留下了极为深刻的印象。

第三章

舞台表演

1.舞蹈表演

舞蹈表演的任务是，以其掌握的舞蹈动作、造型和技巧能力，结合音乐和美术等艺术手段，将作品的思想内容转化为可视可感的舞蹈形象。舞蹈表演的特征在于，演员是表演实践的主体。舞蹈演员既受作品的制约，但又不是编导构思的被动实现者，具有再创造的主观能动性。他应具备较全面的艺术素养、创造性和表现力。舞蹈形象通过空间展现并在时间中流动，因此，舞蹈表演的舞台体现，必然和舞蹈欣赏过程统一并同步进行。

中华人民共和国成立后，舞蹈艺术的创作和表演空前繁荣和发展，成长起一代又一代的舞蹈表演艺术家。他们根据舞蹈艺术的特殊规律，吸收中国传统艺术，特别是戏曲表演的经验，借鉴外国的表演艺术理论，逐渐探索并形成既有民族特色，又符合舞蹈艺术规律的表演方法。

舞蹈表演的特点

一是技与艺的统一。舞蹈者只能用表情、动作、造型和各种技巧等手段表现人物的思想感情。舞蹈表演对身体技能的要求十分严格，不经长期艰苦的基本训练，就无法进入创造实践。舞蹈的技术技巧的训练，与一般身体锻炼不同，因为舞蹈动作必须负荷思想、传达感情、塑造性格，为表现作品蕴含的主题服务。因此，在舞蹈表演中，作为手段的技术，只有在进行真正的艺术创造过程中才能显示出它的价值。

二是形与神兼备。舞蹈演员的表演，要经历一个由外到内、再由内到外、内外结合的过程。表演者必须先学习掌握某一角色的动作、姿态等外部技术后，再深入到人物的内心世界，体验具体人物的心理活动并把握其个性特点，给身体动作（技巧）以内心依据，塑造有血有肉的丰满的艺术形象。舞蹈表演中，"神"是通过"形"来体现的，完全脱离"形"的"神"，是空幻的；而单纯的形似，则会使舞蹈形象苍白无力。一个成熟的艺术家，在创作角色时，总是要求自己形神兼备。

中国舞蹈艺术吸收了中国传统艺术表现手法，在表演中，假设、虚拟成为常用的手法。这种虚拟的东西之所以能使观众受到感染，是因为其中贯穿着舞蹈者真情实感的表演。这种真情实感，启发了观众的联想，触发了他们相同的内心体验。

比如舞蹈《观灯》，舞台上并未挂出彩灯，而是通过演员的舞蹈表演，使观众"看"到了演员眼里的灯、心里的灯，感受着表演者观灯的乐趣。这种"假"戏真做，物虚情实，虚实的完美结合，也是中国舞蹈表演艺术的特点之一。

三是表情与动作的配合。除去身体动作和技巧外，面部表情在舞蹈表演艺术中也占有重要的地位。富于变化的面部表情，是观众理解剧情、体验角色内心世界、认识舞蹈形象的重要渠道。中国传统艺术表演艺术家常说："一身之戏在于'脸'，一脸之戏在于'眼'。"这说明配合着各种舞蹈动作的面部表情和眼神，是中国舞蹈表演的重要特点。

2. 交 际 舞

简介

交际舞是一种社交性的舞蹈，需要男女两人合舞，又称"交谊舞"。因此，当红男绿女虔诚地手之舞之、足之蹈之满场飞旋之时，每一个舞者都是快乐的小精灵，人们尽显的是自信、是时尚、是靓丽，得到的是享受、是消遣、是会友、是健身。在轻松活泼、动感十足的舞蹈中，我们的身心会获得一次洗礼，审美情趣也在舞蹈艺术的实践中得到浸润、滋养与升华。

主要表现

交际舞之美主要体现在三个方面。一是运动之美。舞蹈主要通过肢体语言表情达意，诠释内涵。因此，舞者的举手投足、神态情思无不表现出一定的艺术修养和文化底蕴。比如，对动作规范性的操练，对动作力度幅度的控制，对音乐节奏的把握，对进退速度的约束，对音乐旋律的领悟等，都可以在握手、伸臂、搂腰、搭肩、踢腿、跳跃、旋转、甩拉、滑步、蹬足、扭头、侧身、腾空、悬腕等动作中得到充分体现。二是和谐之美。男女双方构成交际舞的整体美，重在搭配合作的效果，如果双方反差较大，对任何一方都将是一种十分尴尬的遭遇。和谐主要指舞艺的协调、舞姿的优美、舞步的轻盈、舞感的流露。它需要个体素质的增强与提高，也依赖舞蹈实践双方的磨合与适应。三是默契之美。默契指双方的意思没有明白说出而彼此有一致地了解。交际舞中的默契应该是出神入化、炉火纯青的最高境界，非专业舞蹈演员很难达到这一步。它主要表现在艺术感悟力与心照不宣的情调上，一方的一个眼神、一个微笑、一次暗示、一次举止，另一方立即心领神会，并给予积极主动地反馈与回应。这时，舞蹈者双方就是一种舞蹈美神的化身了。总之，如果说达到运动之美是跨入舞蹈艺术之门，那么和谐之美和默契之美则是进入舞蹈艺术殿堂的通行证了。

舞伴

随着音乐而翩翩起舞，离不开舞伴的相偕、配合与协调。理想的舞伴，应该是绅士风度、是丽人魅力、是风情万种、是缠绵悱恻。尽管选择舞伴的权利大都在男士手中，但女士仍拥有选择与拒绝的权利。因此，从某种意义上说，合适而合格的舞伴，应该是一位熨帖的按摩师，他（她）能与对方通过舞蹈这个媒介进行无声的对话和心灵的交流，并给对方带来娱心养性的感受和放飞心情的功效。

好的舞伴可遇而不可求，关键在于机遇与缘分。舞伴之选择，在多种因素的参考中，往往第一印象十分重要。例如：对方的身材是否般配，过高或过矮都不适宜；对方服饰是否得体，尤其是女士身穿长裙略施粉黛性感时尚更能显出七分妩媚三分韵味，从而引起男士的关注与青睐；而男士若脏衣垢面或夏穿背心拖鞋，则令女士厌恶回避；对方舞技水平与本人大体相当，则会免除与新手拉扯的劳累（当然对方主动请教除外）；另外，还有对方的气质、性格、习惯、爱好等也值得综合考虑。

在舞厅这个特定的社交场所，舞伴不仅仅是展示舞艺的另一半，更能给对方以精神的慰藉和心灵的按摩，并在一定时间内自然而然地滋长一种情愫，产生一种依恋，似有"一日不见如隔三秋"之感觉。相对固定的舞伴，对双方是大有裨益的，它能在舞艺的切磋、交流和

配合的过程中，提高水平，加深了解，增进情谊。

综上所述，交际舞是现代文明社会的必然产物，是休闲娱乐交友健身的重要表现形式。有舞曲的滋养、舞蹈的愉悦、舞伴的交情，我们的业余文化精神生活不是更加丰富多彩、有滋有味吗？！

3. 踢 踏 舞

概述

踢踏舞是现代舞蹈风格的一种，形成于 18 世纪 20 年代的北美殖民地。当时爱尔兰移民和非洲奴隶把各自的民间舞蹈带到北美殖民地，逐渐融合形成新的舞蹈形式。这种舞蹈形式比较开放自由，没有很多的形式化限制。舞者不注重身体的舞姿，而是着重趾尖与脚跟的打击节奏的复杂技巧。表演者穿着特别的踢踏舞鞋，用脚的各个部位，在地板上摩擦拍击，发出各种踢踏声，加上舞者的各种优美舞姿，形成踢踏舞特有的幽默、诙谐和表现力非常丰富的魅力。

经过多年发展，踢踏舞吸收了爵士乐节奏、即兴表演等元素，也是一种非常有趣的运动，更具自娱性，也更加开放而具有挑战性，给人的感觉是轻快、活泼、自由与节奏感十足。

起源

踢踏舞源自美国百老汇一种民间风俗的舞蹈。踢踏舞的英文名称是"Tap dance"，tap 是拍打、叩击的意思。

在踢踏舞的发展过程中，有几个非常关键的人物。亨利莱恩是一位伟大的节奏舞蹈家，他把非洲舞步加入到爱尔兰的吉格舞中，强调节奏与打击胜过旋律。其后，又主要有三位踢踏舞者奠定了踢踏舞的基础，他们分别是金拉斯特斯布朗、比尔·罗宾逊、约翰。金拉斯特斯布朗首创了成熟的踢踏舞步，他的舞步特点是多为平的脚形，其后的比尔·罗宾逊在此基础上发展了自己的舞步，突出了脚尖的技术。而约翰则创造了称为"马步"的舞步，他的舞步特点是同时运用脚尖和后跟。

踢踏舞是一种被用来听的舞蹈样式，甚至有一种说法认为一位伟大的踢踏舞舞蹈家更是一位音乐家。在早期的踢踏舞比赛中，评委甚至坐在木制的舞台下面，根本不看舞蹈演员，而是听他们打击节奏的轻重缓急，对于踢踏舞来说，最重要的是节奏是否清晰。一个好的踢踏舞者，不管是多快的节奏、多复杂的舞步、多轻的声音，都能做到清清楚楚。

踢踏舞历经近百年的发展，形成不同的风格。最主要的两大分支，就是爱尔兰风格的踢踏舞和美国风格的踢踏舞。历史最悠久的踢踏舞要算源于美国本土的，被称为"hoofing"的流派。hoofing本身就有踢踏、跳舞的意思，因此，当时跳踢踏舞的人也被叫作"hoofer"。hoofer这个词还有黑人的意思，这说明了当时的踢踏舞者多为黑人，同时说明了踢踏舞与黑人舞蹈的渊源。

美式踢踏舞

美式踢踏舞，在美洲大陆的民族大融合中，将爱尔兰木屐舞和非洲民族的传统音乐及祭祀时的原始舞蹈结合，发展形成。以自由轻松为形态，追求节奏的复杂表达。美式踢踏舞继承了非洲人民天性中深蕴的原始自由，"Tap isnot map"一直作为美式踢踏舞的真谛被发扬。比尔·罗宾逊在踢踏舞的发展中起了巨大的作用。1989年，就是以他的生日，5月25日，作为国际踢踏节的日期。其中的纪念意义不言而喻。

在好莱坞歌舞片时代，美式踢踏舞作为大银幕上最迷人的舞蹈部分，被世界各地的人们熟悉和喜爱，让美式踢踏舞发展到了一个高峰。从可爱的小秀兰，到好莱坞两位鼎鼎大名的舞王弗雷德·阿斯泰尔和吉恩·凯利，他们在影片中踢踏起舞的表演，迷醉了亿万观众。著名影片有《雨中曲》《一个美国人在巴黎》《王室的婚礼》《龙国香车》《一月船长》《小叛逆》等。歌舞片时代过去后，美式踢踏舞也进入了低潮期。

直到 20 世纪 80 年代，节奏踢踏舞王格雷戈里·海因斯的出现，将一种新的美式踢踏风格展现在大银幕上，实现了美式踢踏舞的复兴。他的成功，也使得过去那些因为种族问题而在电影上被压抑的黑人踢踏舞大师，终于能将自己高超的踢踏舞艺在世人面前广泛展现。著名影片有《踢踏情缘》《Bojangles》等。其后最年轻的踢踏舞大师 Savion Glover，将节奏踢踏带向了更高的层次。澳大利亚的"踢踏狗"组合，也为美式踢踏舞"踢"出了一片新天地。

爵士踢踏舞，同样也以脚下打击节奏的复杂多变为特证，只是更强调与爵士乐的配合表演，也是当时踢踏舞发展的一支重要力量。其代表人物首推最伟大的女踢踏舞者 Brenda Bufalino。

爱尔兰踢踏舞

爱尔兰踢踏舞，真正的名称应该为 "Irish dance-hard shoes dance"。爱尔兰踢踏舞是一种爱尔兰民族的传统艺术形式。

踢踏舞是爱尔兰的特色，更是爱尔兰的国粹。它结合了艺术的表演、优雅的舞蹈动作与舞者惊人的体能。

　　爱尔兰式踢踏又有软鞋及硬鞋的分别，在软鞋舞方面，男生与女生所跳的是不同的，因为软鞋舞男女生的鞋子不同，女生方面有点像是芭蕾舞鞋，不会发出声响，而男生的鞋后跟部分则是硬的，所以可以发出声音。

　　爱尔兰踢踏舞作为爱尔兰民间传统艺术，其真正得到认识与重视，还是要从《大河之舞》的上演开始。那些热爱此种艺术的舞者，将更先进的踢踏舞理念融合进自己的民族传统文化中，完成了爱尔兰踢踏舞的升华。在现在大家所见的爱尔兰舞剧中，我们会看到舞者的上半身会有些许的动作，那是由舞者进行的改进，在传统的 Irish dance 中是只有下半身动作的。爱尔兰踢踏舞王迈克·弗莱利是最著名的 Irishdance 舞者。《大河之舞》《王者之舞》《火焰之舞》《塞尔特之虎》都是著名的爱尔兰踢踏舞剧。

英式踢踏舞

　　英式踢踏舞则是强调以芭蕾优美肢体动作为主，在舞步方面有较多的旋转、滑步等。舞者在演出时常带给人们一种贵族的气息。另外，英式踢踏舞在节奏这部分切分音的变化比较少，但是重复的音节比较多。英式踢踏舞表演者可以通过"英国皇家舞蹈协会"加入协会、成为会员，每年参加升级考试以取得国际认可的证照。

适宜人群

　　踢踏舞是一项适合所有年龄段的人跳的舞蹈，从几岁的孩子到六七十岁的老人，穿上一双舞鞋，就可以踢出激情、动感和快乐。这就是踢踏舞迅速流行的原因。

踢踏舞可以健脑、健心、健身、健美。健脑，就是说，人们在跳踢踏舞的时候要用大小脑来支配自己的四肢，特别是脚的动作要讲节奏，这可以锻炼人的思维和协调能力，增强记忆力。健心，踢踏舞不仅要看，还要听，所以既能够促进全身血液循环，又能让人的心情愉悦。健身，跳踢踏，从脚趾到膝关节都能活动到，对关节灵活性的锻炼有好处。健美，踢踏舞可以帮助减肥瘦身。

俗话说，人老腿先老，关节更是先衰老的部位之一。而踢踏舞锻炼的就是人的关节等部位：膝关节、踝关节。踢踏舞对中老年人来说是一项非常好的健身娱乐形式，不仅活跃关节，还可以防止肌肉的过快松弛。

跳踢踏舞不但好处多，而且好学，只要你想跳，你就可以跳起来。踢踏舞不受年龄、场地、舞伴、业余和专业的限制。

当然，做什么事都是需要一定的方法。踢踏舞有 6 个基本的打击，包括直打击、前打击、后打击、脚掌打击、脚跟打击和脚尖打击，以及踩步、单脚跳、换步等一些基本的步法，其他的动作其实都是这些基本动作的编排和组合。所以，笔者建议初学者一定要练好基本功，再循序渐进，做一些系统地训练。

需要注意，如果方法不正确，膝盖很容易受伤。因为踢踏舞主要靠的是脚对地板的反撞击力，如果基本功不到家，又在硬硬的水泥地上大跳特跳，就会出现膝盖损伤的情况，跳踢踏舞时要遵循科学的方法，循序渐进地练习。

基本步法

直踢踏：以趾肚敲地然后抬起（只抬起踝关节）。

向前踢踏：以趾肚向前敲地，然后抬起（只抬起踝关节）。

向后踢踏：以趾肚向后敲地，然后抬起（只抬起踝关节）。

跟踢踏：屈膝，以足跟敲地后快速抬起来。有三种方式：以一只脚站立；以趾肚或动作脚站立；快速地一戳。

跟打击：像跟踢踏一样，只是完成时足跟放下，而且发出的声音更响。

足趾踢踏：屈膝，以足趾敲地后快速抬起。

足趾节拍：像足趾踢踏一样，只是完成时足趾放下且声音更响。

趾肚踢踏：以趾肚敲地后快速抬起，可以有三种方式：以一只脚站立；以足跟或动作脚站立；快速地一戳。

趾肚节拍：像趾肚踢踏一样，但完成时趾肚放下且声音更响。

前刷：比向前踢踏动作更大，从髋膝开始摇摆。

后刷：比向后踢踏动作更大，从髋膝开始摇摆。

跺步：以全脚向下重踏，重心在支撑脚上或在动作脚上。

单脚跳：以一只脚站立，跳起后以同一脚的趾肚着地。

弹跳：以一脚站立，跳起后以另一脚的趾肚轻轻着地。

跌落：以一脚站立，跳起后以另一脚的趾肚或全脚重重地着地。

跳：脚并拢屈膝，跳起后脚并拢着地，可朝向任何方向。

重跺步：以一脚的趾肚站立，向前推脚以脚跟用力击地。

拖滑步：一个向前的平脚跺步，然后离开地面，支撑腿屈膝。

曳步：一个向前和向后踢踏，数节拍或更短。

踢踏弹跳：一个前踢踏后紧接着一个弹跳，可行进也可原地，动作要轻。

拍击：前踢踏后紧接一个跺步，重心放在动作脚或支撑脚上。

恢复步：双脚略分开站立，向上抬起一脚的脚趾，再以趾肚拍击地面抬起足跟。

恢复步弹跳：恢复步后接一个弹跳，因恢复步必须两脚着地，故不能重复。

恢复步单脚跳：恢复步后接一个单脚跳，不能重复。

恢复步换步：一脚站立，屈膝，向上抬起该脚脚趾，以趾肚向后拍击地面，抬起足跟，以另一脚着地。

一脚的恢复步：像恢复步换步中一样，但是以同一脚趾肚着地，切不能行向后。

翼状准备：两脚并拢站立向外侧滑动，右脚到侧方，并以足外缘擦地，完成时离开地面并以右脚趾肚向内朝向左脚踢踏地面，完成时右脚在左脚旁边做趾肚节拍。

翼状 3 拍：（双脚）脚并拢屈膝，以足外缘擦地，快速向外移双脚，完成时脚离地，以两脚趾肚向内踢踏地面，以双脚趾肚着地。

翼状 3 拍：（单脚）脚并拢站立，屈膝，以一脚足外缘擦地，快速向外移动该脚，完成时脚离地，以该脚趾肚向内踢踏地面，以该脚趾肚落地。

翼状 3 拍：（换步）像单脚翼状 3 拍一样但以另一脚趾肚落地。

翼状 4 拍：（单脚带趾踢踏）以右脚做一个翼状 3 拍，左脚在右脚后面做趾踢踏。

翼状 4 拍：（钟摆）做一个右脚的翼状 3 拍，左脚前刷步，右脚的翼状 3 拍，左脚后刷步。

翼状 5 拍：带有跟打击和跟趾踢踏，右脚翼状 3 拍，右脚跟打击，在右脚后面，左脚趾踢踏。

翼状 5 拍：（单脚带曳步）右脚翼状 3 拍左脚曳。

踢踏舞特色

踢踏舞主要是穿着特制的带有铁掌的舞鞋，利用灵活的舞步在木地板上打击出多样的节奏，是一种非常自由的舞蹈形式。历史上许多的舞蹈家都不断在丰富踢踏舞的形式。有一句非常形象的话"No maps on the taps."，意即踢踏舞是没有像地图一样的边界限制的。

除此之外，与其他一些以脚步打击节奏的舞蹈相比，踢踏舞更注重脚步打点的复杂技巧与节奏，并且与爵士乐有着更紧密的联系。例如，西班牙的综合表演艺术弗拉门戈中就有脚步打点的舞蹈，但其节奏是与西班牙的民间吉他音乐配合的，而且脚下的舞步也与西班牙舞蹈挺拔矫健的舞姿配合，有力而简洁。例如，我国藏族舞蹈中也有穿着靴子的"踢踏舞"，多以顿踏为主，也是与民间音乐和藏族舞姿融为一体的。而踢踏舞则不太强调身体的舞姿，像注重爱尔兰风格的踢踏舞多保持上身不动，黑人味浓厚的踢踏舞则经常随意地摇摆身体。甚至还有很多滑稽搞笑的动作，如早期一种吸收了爱尔兰舞蹈手臂动作的称为"wing（翅膀）"的舞步。

踢踏舞与爵士乐的联系非常紧密，吸收了许多"爵士味"的元素，如切分节奏和即兴表演。一些踢踏舞大师与爵士乐大师常常联袂演出。当然，踢踏舞也有一些基本的舞步训练，如脚趾、脚跟等。

一直以来，踢踏舞都被认为是"偷"来的舞蹈和具有挑战的舞蹈，因为它是源于社会底层民众，源于农场和街头的艺术，而且早期几乎都是黑人在跳。在农场和种植园里，黑人奴隶被禁止进行跳舞敲鼓等传统宗教仪式，于是他们就偷偷地在活动中用拍手和脚部击打地板来代替击鼓。在城市，黑人不能像白人一样去舞蹈学校，而是经常互相切磋学习，"偷"学对方舞步，并且互相比赛竞争。这种互相"较劲"的形式在今天的演出中依然存在。

1921年，融合了歌舞等的百老汇表演形式开创，使踢踏舞得到了进一步发展。踢踏舞的发展在近代更是有了巨大的飞跃，它被广泛地运用到俱乐部娱乐表演、巡回演出、百老汇歌舞和好莱坞电影等各种场合，成为具有代表性的美国"传统民间舞"，成为具有世界影响的舞蹈。而且它更是反过来影响了一些民间舞蹈，比较典型的如爱尔兰舞蹈，它反过来吸收了踢踏舞的技术和表演形式，形成娱乐性很强的、传统与现代相结合的舞台表演形式。

这种类型的踢踏舞演出比较突出地体现了现代娱乐业的发展与包装作用，它充分利用了舞台灯光、布景、音乐，以及整体策划与观众和表演者的情绪，形成更具观赏性与娱乐性的演出。

踢踏舞与音乐有着非常紧密的联系，甚至有一种说法认为一位伟大的踢踏舞家更是一位音乐家。一般的舞蹈教学在老师示范时主要是模仿动作，然后合音乐。而在踢踏舞的教学中，老师做示范时经常会说"it looks and sounds like."（看起来和听起来是这样的）。这说明不仅仅要看，而且听节奏、感受节奏更为重要。学会了舞姿不会节奏是不行的，节奏对了舞姿是可以不必完全模仿准确的。

一个好的踢踏舞者，不管是多快的节奏、多复杂的舞步、多轻的声音，都必须做到清清楚楚。有了好的音乐修养，还可以完全即兴地随音乐表演。另一位踢踏舞大师 Baby Laurence 可以在 *16* 小节中打出 *32* 种甚至更多类型的节奏。

随着踢踏舞的发展，舞蹈演员可以用各种方法发出更多的、不同的声音。最早的舞鞋是整体的木制鞋底和后跟，后来将其分成了前后两个部分，再后来又出现了铁制的鞋掌。有的人还故意将铁掌的螺丝拧松，以发出更多的声音。现在手段就更多了，有的在撒了沙子的地面上跳，有的在电子鼓上跳等，以追求更多的音响效果。

踢踏舞鞋

专业的爱尔兰踢踏舞鞋，底部的"铁片"是由玻璃钢制成，从横截面看，玻璃钢部分成 U 字形，厚 *3 ～ 4* 厘米，与普通的踢踏舞鞋有很大的不同。因为鞋的侧面有玻璃钢，身体舞动时脚可以多种角度击打地面，发出悦耳的声音。

U 字形玻璃钢鞋跟中间会有一个"空"，专业演员会在 U 形空间里放上麦克风，这样观众可以更清晰地听到不同脚步变换出的节奏，仿佛鞋跟敲在你耳边。

初学者可以选择普通的漆皮踢踏舞鞋，市面价格是 *200* 元左右，样式有搭襻、系带、漆皮面的和猪皮面的。

踢踏舞鞋小贴士

去舞蹈用品商店买一副铁片，当然不是普通的鞋掌，是那种专门的踢踏舞鞋铁片，然后找一双耐穿的中跟皮鞋，再找修鞋老师傅钉上就可以了。

怎样选择好的踢踏舞鞋

（1）面料

采用特殊工艺制造的牛皮，软硬适度，有光泽感和良好的弹性、韧性，有各方面指标证明采用的面料非常适合制作踢踏舞鞋。这种材制的鞋抗疲劳程度远远优于人造革，且穿着更舒适。

（2）款式

在款式方面采用国际领先的全包裹式设计更贴合脚面，更有利于脚对鞋的控制，真正感受人与舞鞋的和谐。

（3）踢踏片

主材大都选用锌合金，硬度高，不变形，保证长久使用，电镀过的踢踏片应光亮如镜。

（4）中部软底设计

中部软底设计可以让舞者做出新颖的动作，踢踏更加自如，有助于做立足尖的舞蹈动作，以及体现舞者个性的动作。

（5）性价比

踢踏鞋的昂贵价格一直让很多爱好者无法接受，人造革面料的踢踏鞋价格虽然较低，但穿着舒适度及耐久性远远不及牛皮制造的踢踏鞋。

4. 芭 蕾 舞

传统和形成

"芭蕾"起源于意大利，兴盛于法国。"芭蕾"一词本是法语"ballet"的音译，意为"跳"或"跳舞"。芭蕾最初是欧洲的一种群众自娱或广场表演的舞蹈，在发展进程中形成严格的规范和结构形式。其主要特征是女演员要穿上特制的足尖鞋立起脚尖起舞。

芭蕾作为一门舞台艺术，孕育于文艺复兴时期意大利盛大的宴饮娱乐活动中，17世纪形成于法国宫廷。这种宫廷芭蕾实际上是在一个统一的主题下，具有松散结构的舞蹈、歌唱、音乐、朗诵和戏剧的综合表演。由专业的舞蹈教师设计，国王和贵族担任演员，女主角也由男子扮演，表演场地在皇宫大厅中央，观众则围绕在大厅周围观看。演员戴皮制面具标志不同角色，故又称"假面芭蕾"。

17世纪70年代，芭蕾演出开始使用黎塞留主教宫廷剧场。演出场地和观众观看角度的改变，引起了舞蹈技术和审美观点的变化，演员站立的姿势越来越外开，由此正式确定了脚的5个基本位置，这5个外开的位置成为发展芭蕾舞技术的基础。专业芭蕾演员应运而生，并逐步取代了贵族业余演员。职业女芭蕾演员也开始登台演出，舞蹈技术得以迅速发展。芭蕾演出从基本上是一种自娱性的社交活动逐步转变为剧场表演艺术。这个时期的芭蕾是从属于歌剧的。宫廷作曲家J.B.吕利在歌剧中加入芭蕾场面，实际上是一连串舞蹈表演，剧情反而显得无关紧要，这时称为"歌唱芭蕾"或"芭蕾歌剧"。这种状况一直持续到18世纪中叶。18世纪的芭蕾大师J.G.诺维尔是芭蕾史上最有影响的舞蹈革新家。他在 *1760* 年出版的《舞蹈和舞剧书信集》中首次提到了"情节芭蕾",强调舞蹈不只是形体的技巧,也是戏剧表现和思想交流的工具。诺维尔的理论推动了芭蕾的革新浪潮,在他和其他许多演员、编导的持续努力下,芭蕾从内容、题材、音乐、舞蹈技术、服饰等方面都进行了一系列改革,这些改革使芭蕾终于能够与歌剧分离,形成一门独立的剧场艺术。

在芭蕾发展史上,主要有两种美学观点一直在起作用。一种观点认为,芭蕾是"纯粹的舞蹈"。16 世纪的意大利舞蹈教师《王后喜剧芭蕾》的编导波若瓦叶认为芭蕾是"几个人在一起跳舞的几何图案组合"。这种观点完全着眼于芭蕾的形式美,几乎完全不考虑芭蕾的内容或情节,往往导致单纯追求高超的技巧、华丽的结果。18 世纪中叶以前,这种观点在芭蕾创作中居统治地位。另一种观点强调芭蕾是"戏剧性舞蹈",诺维尔的"情节芭蕾"理论最集中地代表这种观点。他认为在一部芭蕾作品中,舞蹈要表现戏剧性内容,"情节和舞蹈设计要保持统一,有合乎逻辑的、明白易懂的故事作中心主题,和情节无关的独舞及舞蹈片段都得取消",舞剧中"不仅是舞蹈技术光辉夺目,更需通过戏剧性表现,从情绪方面感动观众"。上述两种主要观点至今仍在起作用,不少编导致力于创作戏剧性的或有情节的芭蕾作品,也有的编导热衷于无情节芭蕾,注重形式美。两类作品中的优秀剧目都是观众所欣赏的,并作为保留剧目经常上演。20 世纪以来,各种文艺思潮对芭蕾创作的影响越来越明显,出现了许多不同风格的作品。

创作一部芭蕾作品,编导是关键。他根据文学剧本(一个故事、一首诗、一部音乐作品)构思出舞剧结构或舞蹈结构,再由演员来体现。编导和演员都必须掌握芭蕾语言(芭蕾语汇)——芭蕾技术技巧,以及运用芭蕾语言表现特定内容或情绪的能力。编导应该深谙演员长于表现什么，不能表现什么，而演员则应该训练有素，能适应并创造性地体现编导的构思。只有具备这些基本条件，芭蕾创作才能进行和完成。芭蕾结构形式有独舞、双人舞、三人舞、四人舞、群舞等。编导运用古典舞、性格舞（舞台化的民族舞蹈和民间舞蹈）、现代舞等，按上述形式可以编出多幕芭蕾（分场或不分场，如《天鹅湖》）、独幕芭蕾（如《仙女们》）、芭蕾小品（如《天鹅之死》）等。芭蕾的这种结构形式在 19 世纪后期发展到高度规范化和程式化，以致影响和限制了芭蕾的发展。在 20 世纪编导创作的大量芭蕾作品中，这些规范和程式已被大大突破，并不断进行新的探索和创造。

世界芭蕾舞发展概况

宴会芭蕾

芭蕾出现于 15 ～ 16 世纪文艺复兴全盛时期的意大利，艺术家极力模仿古希腊的艺术风格。最早的芭蕾表演是在宫廷宴会上进行的。1489 年，在意大利的一个小城里，为庆祝米兰公爵和西班牙阿拉贡公主伊达贝尔的婚礼，演出了《奥菲士》。当时的表演形式与我们今天所见到的芭蕾演出截然不同，它的每一段表演大致都与上菜联系在一起，例如：模拟狩猎的表演开始以后就吃野猪肉；海洋、河流神灵出场开始吃鱼。然后，许多神话人物上场献上许多菜肴和水果，最后客人也都参加到热闹狂欢的表演中去。这是一种把歌、舞、朗诵、戏剧表演综合起来的表演形式，可以说是芭蕾的雏形，后人称它为"宴会芭蕾"。

宫廷芭蕾

随着意大利贵族与法国宫廷的通婚，意大利的"芭蕾"演出被带入法国。1581 年，在亨利三世皇后妹妹——玛格丽特的结婚庆典上演出了《皇后喜剧芭蕾》。当时没有舞台，观众坐在三面墙壁的两层楼廊里。国王和显贵坐在坛台上，表演则在大厅的地板上进行。编导者波若瓦叶就是受聘于法国的意大利人。内容表现女妖西尔瑟如何征服了阿波罗，但不得不向法兰西国王陛下屈服。表演是戏剧、音乐、舞蹈、朗诵、杂技的混合体。路易十四时期，法国芭蕾发展到它的鼎盛时期，路易十四本人喜爱舞蹈，并受过良好训练，15 岁即参加宫廷芭蕾《卡珊德拉》的演出，扮演阿波罗神。

情节芭蕾

18 世纪，欧洲启蒙运动深刻地影响了法国芭蕾的发展。它的革新思想表现在反对把芭蕾当作供贵族消遣的装饰品，要使芭蕾像戏剧一样，表现现实生活，提倡芭蕾要有社会内容和教育意义，这就是"情节芭蕾"产生的时代背景。诺维尔代表了欧洲芭蕾革新的主流，集中体现了启蒙运动的民主主义精神。他在《舞蹈和舞剧书信集》中，提出了他对芭蕾的革新主张。诺维尔的学生——让·多贝瓦尔所创作的舞剧《无益谨慎》至今还在上演，成为当代各大芭蕾舞团的保留剧目。

浪漫主义芭蕾

浪漫主义芭蕾是芭蕾发展史上的"黄金时代"，在舞蹈技巧、编导艺术及演出形式方面都经历了一个灿烂辉煌的阶段。《仙女》《吉赛尔》《爱斯梅拉尔达》《海盗》等舞剧的产生，造就了一批芭蕾人才，如佩罗、布农维尔、塔尼奥尼、艾尔斯勒等。这个时期的芭蕾特点概括如下。

第一，内容和题材的变化。超凡脱俗的仙女、幽灵代替了神话传说和古代英雄故事中的人物，表达了一种对现实不满和失望的情绪，一种追求超越尘世的对另一世界的兴趣，或以死亡摆脱对现实的失望，或以一种不切实际的追求代替对生活的愿望。代表作有《仙女》（1832）和《吉赛尔》（1841）。《吉赛尔》汇集法兰西风格，成为浪漫主义芭蕾的顶峰，此后逐渐出现了浪漫主义和现实主义相结合的趋势。

第二，舞蹈技巧和表演都有了重大发展，脚尖舞技巧成为女舞蹈家表现手段的一个重要元素，男子舞蹈技巧也有了进一步提高。

第三，在演出形式上，采用了瓦斯灯照明和大幕，改革了芭蕾服装和舞鞋，出现了一种诗意轻盈的风格。

浪漫主义芭蕾的黄金时代极其短暂，从 19 世纪 30 年代至 19 世纪 40 年代，仅仅 10 多年就出现停滞枯萎的局面。从 19 世纪下半叶开始，欧洲芭蕾的中心逐渐移至俄国。

俄罗斯芭蕾

随着社会的发展，芭蕾舞逐渐从宫廷娱乐性舞蹈变成有情节的芭蕾舞表演步入剧场，演出了带有社会生活内容的舞剧。

19 世纪，浪漫主义思潮也对芭蕾艺术产生了深刻影响。芭蕾舞从内容到形式都发生了根本性变化。反映民间神话传说、仙女花神、精灵鬼怪等故事成了芭蕾创作的主要题材。女演员成为主角，服装改成了短裙，脚尖舞成为芭蕾的基本要素。这种足尖站立的技艺，把舞蹈者的身体向上提升，适合表现轻盈的体态及表达追求与渴望的情绪。

19 世纪下半叶，欧洲浪漫主义芭蕾走向衰落，复兴芭蕾的使命落在俄国肩上。从 19 世纪 40 年代起，外国舞蹈家频繁访俄。塔利奥尼父女、佩罗、圣·莱昂等人的表演和编导作品，特别是布农维尔的学生约翰逊（在圣彼德堡）和布拉斯（在莫斯科）的教学，向俄国舞蹈界传授了法兰西、意大利两大舞派的精华，并逐渐形成新的学派——俄罗斯舞派。在剧目建设上，玛蒂帕和伊凡诺夫起了决定性的作用。

19 世纪末，柴科夫斯基作曲的不朽名著《天鹅湖》《睡美人》《胡桃夹子》等芭蕾舞剧在各国相继上演，世界芭蕾艺术的中心就由巴黎转到了彼得堡。特别是柴科夫斯基的音乐，给舞剧音乐带来了丰富的形象内容、戏剧性的动力和交响性的发展。不仅是芭蕾舞的典范作品，也成为世界乐坛上的不朽作品。实现了舞剧音乐的革新，使音乐成为舞剧中塑造形象、叙述事件的基础，启发和丰富了舞剧编导的舞蹈交响化的思想。《天鹅湖》第二幕达到了舞蹈诗的高峰，被奉为交响化舞蹈的范例。以后又有格拉祖诺夫写出的《雷蒙达》（1898）、《四季》（1900），这些作品在继承浪漫主义芭蕾传统的同时体现了俄国现实主义风格。

20 世纪初，俄国芭蕾已在世界芭蕾舞坛中占据主导地位，拥有自己的保留剧目、表演风格和教学体系，也涌现了一批编导和表演人才。此后，一批俄国芭蕾舞界的年轻人要求革新、探索新的表演手段和发展道路。戈尔斯基和福金就是他们的带头人。福金的革新思想不可能在帝国剧院内实现，他的主要作品都是在国外为佳吉列夫芭蕾团排练上演的。佳吉列夫从 1909 年起连续 3 年组织俄罗斯演出季，并于 1913 年成立以蒙特卡罗为基地的永久性剧团——"佳吉列夫俄罗斯芭蕾团"，在欧美各地巡回演出，影响巨大，把由国保存的古典传统剧目送回欧洲，促成欧洲芭蕾的复兴。该团解散后，它的成员流散欧美各国，如利法尔在法国、德瓦卢娃在英国、巴兰钦和福金在美国，他们对各国芭蕾复兴和创建作出了重要贡献。

当代芭蕾

1929 年末，利法尔成了巴黎歌剧院芭蕾舞团的常任舞蹈编导和主要舞蹈演员，一直到 1958 年离开，进行了一次改革，如废除了赞助人可以在芭蕾演出之前到后台去与舞蹈家闲聊的古老权利，还有每周举行一次开幕式。1932 年，重演《吉赛尔》时，利法尔饰演阿尔伯特，他是一个才华横溢的人。法国两大编导家，罗朗·佩蒂 1965 年根据雅勒的音乐编导了《巴黎圣母院》，获得了辉煌的成绩。莫里瑟·贝雅尔 1970 年编导的《火鸟》是一个最别致的作品。巴黎歌剧院芭蕾舞团的保留剧目还有《吉赛尔》《葛蓓莉娅》《西尔维娅》等。

英国芭蕾主要归功于三个伟大女性的毕生经营：阿德莉娜·热奈夫人、妮娜特·德·瓦卢娃夫人、玛莉·兰伯特夫人。

美国没有国家芭蕾舞团，巴兰钦与林肯·柯斯坦在 1933 年一次会见中，应邀主办美国舞蹈学校。1948 年转化为纽约市芭蕾舞团，巴兰钦任艺术指导和主要编舞家，副艺术顾问是杰罗姆·罗宾斯。此时，已经形成一种典型的美国舞蹈风格。另一重要芭蕾舞团是美国芭蕾剧院，1940 年开始活动，先后担任编导的有福金、马辛、安东尼·都铎等。还有乔弗里芭蕾舞团，阿瑟·米切尔的哈莱姆舞蹈剧院，是第一个黑人古典芭蕾舞团。

丹麦皇家芭蕾舞团是丹麦民族传统的优秀继承者，布农维尔 100 年前创作的舞剧，仍然在哥本哈根以纯正的风格进行演出。在丹麦芭蕾中，传统意识一向是非常强烈的。1932 年，哈拉尔德·兰德尔被任命为皇家剧院芭蕾指导，一直到 1952 年，他为法国、英国重排的《练习曲》，是对芭蕾舞技巧的一次辉煌的展示。

20 世纪初，有影响的俄国编导有戈尔斯基、普尼和福金。安娜·芭甫洛娃在《天鹅之死》中理想地体现了福金的构思。

在俄国，十月革命后，高尔斯基坚持戏剧的表现性，使它的舞蹈演员采取史坦尼斯拉夫斯基的方式生活于角色之中，原本产生于宫廷的芭蕾舞并没灭亡。1927 年，在莫斯科演出了《红罂粟花》，是俄国第一部英雄主义现代题材的舞剧，标志着古典学派的胜利，古典芭蕾博得了新的声誉。谢苗诺娃和乌兰诺娃首次登台，新创作的舞剧注重戏剧结构，更多地运用民间舞蹈来丰富舞蹈编导的语汇。俄国芭蕾开始了复兴。

从 1581 年法国演出《皇后喜剧芭蕾》至今，芭蕾舞已遍及全世界，被公认为人类文化遗产的重要部分，成为世界性的艺术，五大洲的众多国家都建立了自己的专业芭蕾舞学校和成立了芭蕾舞演出团体。当今世界，芭蕾艺术繁花似锦，古典芭蕾和现代芭蕾，戏剧芭蕾和交响芭蕾等不同流派争奇斗艳，涌现出大批人才和剧目，很多国家逐步形成自己的风格特色，在芭蕾舞的艺术表现上不断出现新的探索和创造。

芭蕾舞的标志

芭蕾舞的标志是女演员用脚尖站立。在观众看来，用脚尖跳舞轻松愉快。女演员脚上那粉红色的芭蕾舞鞋是那么优美高雅，让人想起这是一项崇高的艺术。但是，实际上，用脚尖跳舞十分困难。

那些献身芭蕾舞艺术，探索其奥秘的人并不愿意把秘密公之于众。如果揭开芭蕾舞鞋的秘密，似乎芭蕾舞之谜也就不复存在。

芭蕾舞鞋能够承受的巨大的荷重其关键在鞋尖。鞋尖不仅柔软，而且具有相当高的安全系数。

俄罗斯著名的"格里什科"公司生产的芭蕾舞鞋从非洲到墨西哥，在30多个国家受到欢迎。

芭蕾舞鞋鞋尖用生产紧身胸衣的面料，如缎子缝制而成。"格里什科"的专家得出结论，芭蕾舞鞋最合适的颜色——桃皮色，既不刺激观众，又能安抚女演员本人，而不是通常许多国家使用的粉红色。

芭蕾舞鞋鞋尖的最大奥秘在于使女演员得以用脚尖跳舞的"鞋盒"。"鞋盒"藏在鞋尖里。"鞋盒"实际上是一种硬套，套住脚趾和一部分脚面。"鞋盒"不用木头、塑料、软木等材料，而是由6层最普通的麻袋布或其他纺织品黏合而成。"格里什科"公司拥有胶黏剂的专门技术，让鞋尖既不太硬，又不太软，也不易折断。

鞋尖手工缝制，然后连同"鞋盒"里面朝外同鞋的其余部分缝到一起。之后，鞋匠把鞋尖翻回来，用小锤把"鞋盒"弄平顺。当没有不平的地方后，让鞋在硬物上直立起来，看看能否保持平衡。最后，让舞鞋在50℃的条件下晾干，存放在室温下。一双芭蕾舞鞋便做好了！

一双芭蕾舞鞋的寿命短得令人遗憾：上场演出2～3次。"格里什科"舞鞋的记录是大剧院的独舞女演员娜杰日达·格拉乔跟基特里合作，在芭蕾舞剧《东·基霍特》里跳了9场。

为了适应不同高度的脚面，芭蕾舞鞋总共有3种型号："瓦加诺瓦""埃利塔""富埃捷"。每种型号又分17种尺寸。此外，每种尺寸又有5种肥瘦尺码。任何一个女演员可以从厚薄、大小、肥瘦不同的255种鞋中，挑选适合自己的理想的鞋。尽管如此，为了让鞋更适合自己的脚，每个女演员各有高招：一些人用小锤敲打鞋，另一些人用门挤压鞋，还有一些人用五花八门的东西垫进"鞋盒"里……

俄罗斯芭蕾舞女明星叶卡捷琳娜·马克西莫瓦娅承认，在没有足够选择的年代里，每推出新剧目，她都要花费整整一天时间来让脚适应舞鞋。

还有一件事没有提到，每个女演员通常亲自动手给舞鞋缝上小丝带。

至于男演员，穿所谓的软鞋，在外行看来跟普通的布鞋差不多。其生产工艺跟女演员的当然无法相比，但也有自己的精致之处。软鞋分两种：整鞋底和分鞋底。分鞋底由两部分组成：鞋前部和脚后跟。鞋前部让男演员的脚穿在里面舒舒服服，自由自在。

如何欣赏芭蕾舞

欣赏芭蕾，大致上有两条思路：一条是传统的，一条是现代的。一般主张欣赏的方法与欣赏的对象相统一，即用一丝不苟的传统思路，去欣赏"早期""浪漫"和"古典"这三个传统时期的芭蕾舞剧、音乐型芭蕾和纯粹型芭蕾。

传统的欣赏思路要求观众提前半小时左右到达剧场，以便能将日常生活中的琐事和烦恼，统统留在剧场的大门外或衣帽间那个尘世的空间里，然后静下心来，全身心地投入剧场这样一个非常特殊的，与马路上的拥挤、菜市上的吵闹、单位里的纠纷、家庭里的琐事毫不相干的审美场，进入《仙女》《吉赛尔》《葛蓓莉娅》这样一个人造仙境，进入《睡美人》《胡桃夹子》《天鹅湖》这样一个梦幻世界，一连几个小时逃避一下都市的喧嚣和精神的压力。接下来，我们还可以用心地研究一下节目单，细读一下剧情梗概、有关评论、舞团简史、编导和舞者介绍等各种有关材料，寻找一下众所公认的芭蕾舞明星，想象一下令人陶醉的音乐名曲，期待一下奢侈华丽的服装和富丽堂皇的布景……

现代的欣赏思路对观众没有任何苛刻的要求，而是为其提供随遇而安的哲学。因为现代生活的节奏压根儿不允许观众，特别是有职业的观众提前半小时到达剧场，而是在欣赏的过程中强调观众无须任何先人之见，只需用随身携带、各不相同的理性知识来理解，用来自生活、五光十色的感性经验来参与即可。

这种欣赏思路认为，节目单上的东西简直就是编导设下的圈套，或者是为弥补舞剧编导或芭蕾编舞自身的语无伦次而兜售的灵丹妙药，可看可不看，甚至最好不看！剧情到底是怎么"写"的无足轻重，成功与否只能看他台上怎么"舞"的。芭蕾舞剧说到底，还是以舞为主，以剧为辅的，否则，便无法解释芭蕾舞剧中的领衔主演在跳完双人舞后，甚至在跳完其中的变奏后，便向观众频频施礼的现象。如果剧重于舞，这种行为岂不是出"戏"了，西方的观众和评论家又怎能整整忍耐了一个世纪呢？

这种欣赏思路认为，明星可以欣赏，但用不着崇拜得五体投地，明星崇拜的风气实在显得太古典！按照自己的审美标准，而不是跟着评论家的意见跑；寻找自己眼中和心里的明星，而不是随波逐流，这才是最重要的。

中国芭蕾舞的历程

如果说1581年法国《皇后喜剧芭蕾》的上演，一直被视为芭蕾舞剧之雏形，芭蕾在中国的传播与发展几乎晚了3个多世纪。不过，起步虽晚，却是飞跃前进。

20世纪初，曾有外围的芭蕾舞团来中国演出，但规模有限。此后，陆续有俄侨来中国开办业余私立芭蕾舞学校，以上海、天津、哈尔滨等地较有影响，对中国的芭蕾启蒙教育有积极作用。毋庸置疑，芭蕾舞剧在中国的真正兴起和发展，也是在中华人民共和国成立之后，这与中国政府对一切具有世界意义的优秀文化艺术都采取积极吸纳、支持的基本方针具有密切的关系。

最初，对中国芭蕾具有影响力的是俄罗斯学派。从1954年2月第一位苏联专家奥·阿·伊莉娜应邀来北京开办第一期"教师训练班"起，到1958年中国上演第一部经典芭蕾舞剧《天鹅湖》，中国芭蕾实现了初创期的神速"3级跳"。在此期间，谙熟芭蕾艺术的戴爱莲也发挥了重要作用。

第一期"教师训练班"的学员（大都接受过一定的芭蕾训练）以

半年的时间，奇迹般地完成了苏联舞蹈学校 *1～6* 年级的教学大纲，通过严格的考试全部合格。他（她）们成为同年创建的北京舞蹈学校芭蕾专科的教学骨干。此后，在实践中不断提高，成长为真正的芭蕾教育家，培养出一批又一批优秀人才。实现"*3*级跳"的重要举措是边训练，边实践演出。这一时期常有著名苏联芭蕾艺术家来华演出，精湛的表演吸引了众多观众，中国人逐渐熟悉、喜爱起这门艺术。

1958 年 *10* 月，在古谢夫地指导下，北京舞蹈学校集中全力，成功地上演了世界著名经典芭蕾舞剧《天鹅湖》（奥杰塔扮演者白淑湘）全剧，引起国内外强烈反响。通过严格排练，我国高速地造就了一支具有多方面人才的芭蕾舞剧队伍。如今，《天鹅湖》已在中国"落户"，成为对观众最有号召力的芭蕾剧目。*1959* 年底，北京舞蹈学校实验芭蕾舞剧团成立，这是中国有史以来第一个专业芭蕾舞团。*1960* 年，上海成立了与北京建制相同的舞蹈学校，也承担起培养专业芭蕾人才的任务，从此，北、南遥相呼应，努力开拓芭蕾事业的新局面。继《天鹅湖》之后，在古谢夫地指导下，又陆续成功地上演了《海侠》、《吉赛尔》，年轻的中国芭蕾队伍承担这两部不同风格的著名芭蕾舞剧已显得比较从容。

这一时期，中国派出了蒋祖慧、王锡贤等人先后到莫斯科国立戏剧学院舞剧编导系进修，成绩都很优异。回国后，蒋祖慧推出了她的毕业作——《西班牙女儿》（根据文艺复兴时期欧洲著名作家洛卜·德·维加的著名诗剧《羊泉村》改编），*1961* 年，在天津歌舞剧院首演；王锡贤在北京指导上演了他的毕业作——《泪泉》（根据俄罗斯诗人普希金的著名长诗改编），北京舞蹈学校实验芭蕾舞剧团首演。

1963 年，中央歌剧舞剧院成立，学校附属的芭蕾舞剧团结束了其实验阶段，归属了国家级剧院。不久，蒋祖慧又执导了一部著名芭蕾舞剧——《巴黎圣母院》（根据法国著名作家雨果的同名小说改编），中央歌剧舞剧院首演。短短 10 年间，中国的编导、演员基本上已可独立驾驭经典芭蕾舞剧的创作、排练、舞台演出了。

从 1964 年起，开始了中国芭蕾舞剧的创作实践。事实上，第一代芭蕾舞剧编导，大都是从学习民族舞蹈转向芭蕾专业的，他（她）们的民族文化背景，无疑有助于芭蕾舞剧民族化的探索。大型中国芭蕾舞剧《红色娘子军》的上演，虽不是严格意义的"首开纪录"（在此之前，已有过不同类型、不同规模、不同成效的芭蕾民族化探索），却可以说是第一部最成功的大型中国芭蕾舞剧，其从内容到形式都具有鲜明的中国风格、中国气派。

《红色娘子军》1964 年首演。它根据同名电影改编而成，讲述中国第二次革命时期的故事：受尽折磨的琼花，因不堪忍受地主南霸天的压迫，逃离虎口，巧遇红军党代表洪常青，经过他的引路，琼花参加了娘子军，历经磨炼和考验，成长为卓越的革命战士，洪常青牺牲后，她接过红旗英勇向前。这部舞剧以震撼人心的悲壮情节、恢宏绚丽的场面、鲜明的人物形象及海南岛的地域风情等方面赢得了多方好评。它在芭蕾舞台上破天荒地塑造了英姿飒爽的"穿足尖鞋"的中国娘子军形象，将芭蕾的精华与中国的气派融为一体，为世界芭蕾舞坛增添了一朵奇葩。

《白毛女》与《红色娘子军》同期出台，平分秋色。它是中国芭蕾舞剧的又一成功探索。

《白毛女》1965 年首演。它根据同名歌剧改编，讲述贫苦农民的女儿——喜儿的故事：她被卖给恶霸地主黄世仁抵债，不堪凌辱，逃入深山。长年风餐露宿，头发变成了白色，不知情者称其为"白毛仙姑"，最后她被八路军所救，与年轻时的恋人——已是八路军战士的大春团聚。歌剧《白毛女》感动了中国千千万万的老百姓。

这部芭蕾舞剧并未因循于原作，而是根据芭蕾艺术特点进行了再创造。它巧妙地运用了中国古典、民间舞的素材，以写实与浪漫相结合的方法将剧情予以芭蕾化的展现。对于剧中主要人物诸如：喜儿的纯真、甜美和变成"白毛女"后的坚韧、刚毅；大春的朴实、敦厚及参军后的英勇、干练；黄世仁的阴险、毒辣；等等，都刻画得比较鲜明、生动。

《红色娘子军》与《白毛女》，在中国芭蕾舞剧发展史上具有里程碑的意义。它们是"洋为中用"更深层次的实践，以其独有的中国特色自立于世界芭蕾艺术之林，集体智慧弥补了经验不足，使芭蕾中国化的探索，起点较高，起步很快。经受了时间与社会的检验，《红色娘子军》与《白毛女》依然保有其艺术生命力，并且都被认为是"20世纪经典"。

新时期的中国芭蕾

新时期的中国芭蕾以更开放的眼光，面向世界广泛吸收、借鉴优秀之处，而不只局限于单一的俄罗斯学派。20世纪80年代初，陆续有来自英、法、德、瑞士、加拿大等国的著名芭蕾艺术家以友好交流的形式传授技艺。先后有芭蕾宿将安东·道林、著名芭蕾编导本·斯蒂文森等在中央芭蕾舞团指导排练了他们自己的作品：纯古典风格的男女《四人舞》《前奏曲》，以及著名芭蕾艺术大师巴兰钦的《小夜曲》等。

此外，十多年间，中国陆续上演了多部不同风格的西方经典剧目，例如：*1980* 年，由巴黎歌剧院芭蕾大师莉塞特·桑瓦尔亲自指导，中央芭蕾舞团演出了法国浪漫主义的著名芭蕾舞剧《西尔维娅》；*1984* 年，由英国著名芭蕾艺术家贝琳达·赖特和尤里沙·捷尔考夫妇重新排练演出了安东·道林版的《吉赛尔》；*1985* 年，在世界级芭蕾艺术家鲁道夫·纽利耶夫和芭蕾大师尤金·波里亚柯夫等亲自指导下演出了《唐·吉诃德》；还有《罗密欧与朱丽叶》（*1989*，罗曼·沃克执导）及《睡美人》（*1994*，麦克米伦版，莫里可·帕克执导）；等等，均很成功。特别是纽利耶夫以自己无与伦比的精湛技艺和对戏剧人物的深刻理解，结合中央芭蕾舞团的实际，进行了严格训练，大大促进了演员水平的提高，在中国芭蕾舞史上留下了珍贵的一页。在上述诸多国际交流活动中，戴爱莲起到了很好的桥梁作用。与此同时，北京舞蹈学院坚持学习与实践相结合的好传统，陆续上演了《葛蓓莉娅》（*1979*）、《舞姬》（*1981*）；上海芭蕾舞团上演了《那波里》（又名《渔夫与新娘》）第 *3* 幕；天津歌舞剧院复演了《西班牙女儿》（*1982*）。此外，于 *1981* 年组建的辽宁芭蕾舞团推出了《海侠》（*1983*）……这些不仅丰富了群众的文化生活，而且经过世界各国芭蕾权威指导演出纯正的古典芭蕾名作，使新一代芭蕾舞人才迅速成长。

形体芭蕾与专业芭蕾的区别

形体芭蕾是由芭蕾延伸而来的，作为一种健身方式的芭蕾，大家习惯称为"形体芭蕾"。专业的芭蕾训练是很枯燥的，而形体芭蕾则以健身为目的，难度较低，它不要求腿踢多直，脚抬多高，做得多么规范，它只是教会你如何把芭蕾特有的那种优雅内涵融会到自己的生活方式中。而且从运动学角度讲，芭蕾的"开、蹦、直"三要素具有收缩肌肉纤维的功能，在动静结合的运动中有效地消耗多余脂肪，使人练后身材会变得更修长。因此，虽然也有体力上的消耗，也是做运动，但它的动作更强调肌肉的耐力、身体的柔韧性，运动强度不是很大，一般人都能接受。

5. 伦　巴

简介

伦巴，西班牙文 Rumba 的音译，也被称为"爱情之舞"，是起源于古巴的拉丁舞，所以又叫"古巴伦巴"，舞曲节奏为 4/4 拍。它的特点是较为浪漫，舞姿迷人，性感与热情，步伐曼妙有爱，缠绵，讲究身体姿态，舞态柔媚，步法婀娜款摆，若即若离的挑逗，是表达男女爱慕情感的一种舞蹈。

在古巴，乡村伦巴被认为是一种家禽的哑剧表演，其观赏性超过了大众的参与性。当跳舞的时候，需保持肩膀的平稳，这可是来源背着沉重的物品而移动的奴隶的肩膀特点。这种步法称为 Cucaracha，就像跺蟑螂一样。点转就像在车轮辕上行走。伦巴的流行曲 la paloma，1886 年开始在古巴为人所知。

美国于 19 世纪 30 年代引进伦巴，以复合舞蹈的形式，把 Guara-cha、Son 和古巴 Bolero 舞与这种乡村伦巴舞相结合。1935 年，因为在电影《伦巴舞》中 George Raft 饰演的温柔的舞者的角色赢得女继承人的欢心，伦巴在美国变得非常流行。

伦巴节奏为 4/4 拍，每分钟 27～29 小节，每小节四拍。乐曲旋律的特点是强拍落在每小节的第四拍。舞步从第四拍起跳，由一个慢步和两个快步组成。四拍走三步，慢步占两拍（第四拍和下一小节的第一拍），快步各占一拍（第二拍和第三拍）。胯部摆动三次，胯部动作是由控制重心的一脚向另一脚移动而形成向两侧作"∞"型摆动。具有舒展优美，婀娜多姿，柔媚抒情的风格。

源自非洲的黑人歌舞的民间舞蹈，流行于拉丁美洲，后在古巴得到发展。在古巴把一切即兴的黑人歌舞都称为伦巴。这种舞蹈完全是自娱性的，有时可以一男一女相互追逐，也可以成为多人的集体舞。舞步以扭胯、捻步为主，加以抖肩。伴奏以打击乐为主，舞者也伴以呼喊歌唱，节奏为 2/4 拍，灵活多变。民间伦巴气氛十分热烈欢腾。20 世纪 20 年代后，伦巴传入欧洲、北美，并吸收了爵士乐和其他舞蹈因素，成为舞厅舞的一种重要形式。

历史渊源

伦巴这个名字是对一部分舞蹈的统称，涵盖了很多舞蹈子类（比如 Son、Danzon、Guagira、Guaracha、Naningo 等），作为印第安人音乐或舞蹈的一种形式，每个岛屿上的确切定义都不尽相同。

伦巴舞有两个来源：西班牙人和非洲人。虽然可考得的主要的发展是在古巴，但在加勒比海其他地区也普遍发展了类似的舞蹈形式。

伦巴的动作中，男性表现出很强的进攻性，而女性的动作则充满了防御的特点。音乐通过敲打 staccato 和舞者传神的动律保持一致，其他用到的乐器还有 maracas、claves、marimbola 和一些鼓类。

伴随第二次世界大战，"Son"成为古巴中产阶级的大众化舞蹈，它是一个经过修改的节奏较慢而优雅的一种形式。比这更慢的是"Danzon"，古巴富人阶级的舞蹈。这种舞蹈形式的步伐很小，并且女性有很轻微的倾斜臀部动作，这是靠轮流弯曲和伸直膝盖来完成的。

美国的伦巴是经过修改的一个分支，在 1913 年，第一个正式尝试向美国引进伦巴舞蹈的是 Lew Quinn 和 Joan Sawyer，在 1925 年，伴随一些音乐家的引进乐队的领队带去了一对伦巴演员。Benito Collada 在格林威治村开办了一个俱乐部，并且他发现纽约人根本对伦巴一无所知。

1929 年，拉丁音乐开始变得流行。在 19 世纪 20 年代末，Xavier Cugat 成立了一个专门研究拉丁美洲的乐队，从洛杉矶的椰子林夜总会开始，并且音乐出现在了早期的有声电影如《快乐的马德里》中，而后在 19 世纪 30 年代，Cugat 在纽约 waldorf astoria 饭店演奏，10 年之后，它被授予"最佳乐队"的殊荣。

1935 年，George Raft 在音乐电影"伦巴"中饰演了一个名叫 Joe Martin 的舞蹈家，因为共同的舞蹈兴趣爱好，最终，她赢得了女继承人 Diana Harrison（Carole Lombard 扮演）的芳心。

在欧洲，拉丁舞的传播（尤其是伦巴）更多的是依赖 Monsieur Pierre 的才智和努力（他在伦敦是这个舞蹈种类的主导老师）。在 19 世纪 30 年代，在他的搭档 Doris Lavelle 的努力下，他在伦敦致力于介绍传统拉丁美洲舞蹈文化。经过反复考证，老 Pierre 和 Lavelle 最终确立了真正古巴风格的伦巴，并且在 1955 年作为官方认可的版本。

伦巴是拉丁音乐和舞蹈的精髓和灵魂，引人入胜的节奏和身体表现使得伦巴成为舞厅中最为普遍的舞蹈之一。

风格和动律特点

伦巴舞的风格和动律特点，可以归纳为稳中摆、柔中韧、快合慢。

稳中摆

伦巴舞的动律产生于劳动。劳动的黑人头顶大筐搬运香蕉等水果时，要求上身平稳，走起来上压、下顶，形成臀部的摇摆。因此，跳伦巴舞时，要求保持脊椎直和两肩平，臀部的摇摆则是由于重心的转移自然形成的，而不是故意摆动臀部。当脚出步时，脚掌用力踩地，膝部稍屈，这时另一条腿的膝部是直的，当重心移到出步的脚，脚后跟放下，胯部随之向侧后方摆动；另一条则放松稍屈。整体感觉是提气，平稳地控制住上身，而臀部则不停地自如摆动。

柔中韧

出步后，膝部使劲顶直，臀部的摆动看起来轻快柔和，而实则内部用力，有一股内存的韧劲，因此，跳伦巴舞时间长了会有臀部的酸胀感。

快合慢

伦巴舞用四拍走三步，节奏为快快慢，快步一拍一步，慢步两拍一步。臀部是走三步摆三下。它的出脚动作迅捷，无论快步或慢步都是半拍到位，而臀部的摆动则是快步占一拍，慢步占两拍。实际上是四拍三步中，每步都是半拍脚步到位，而臀部则是连绵不断地左、右摆动。这种上、下、慢、快矛盾统一的运动，形成伦巴舞有特色的动律。

基本舞步

伦巴的音乐节拍是 *4/4* 拍，节奏是 *2 ～ 3 ～ 4 ～ 1*。重音在第一和第三拍。伦巴的基本舞步是合着音乐节拍，由快、快、慢的动作所合成的。两个快步是横步，跟着是一个慢步，就完成一个步法。伦巴的每个舞步有两个动作，一个是迈步，另一个是重心的移动；一只脚踏在地上，重心保持在另一只脚，在跨步时逐渐改变重心。

（1）矩形步

男子舞步

左脚向左侧跨，膝部弯曲，重心在右脚——快

将重心改换到左脚，右脚靠左脚，右膝弯曲——快

将重心改换到右脚，左脚向前伸，膝部弯曲——慢

将重心改换到左脚，右脚向右边跨，膝部弯曲——快

将重心改换到右脚，左脚靠右脚，左膝弯曲——快

将重心改换到左脚，右脚向后放，膝部弯曲——慢

女子舞步

右脚向右侧跨，膝部弯曲，重心在左脚——快

将重心改换到右脚，左脚靠右脚，左膝弯曲——快

将重心改换到左脚，右脚向后放，膝部弯曲——慢

将重心改换到右脚，左脚向左侧跨，膝部弯曲——快

将重心改换到左脚，右脚靠左脚，右膝弯曲——快

将重心改换到右脚，左脚向前伸——慢

（2）左转身

男子舞步

重心在右脚，左脚向左侧放，膝部弯曲——快

将重心改换到左脚，右脚靠左脚，右膝弯曲——快

将重心改换到右脚，同时向左转身，左脚向前伸，膝部弯曲——慢

继续转身，将重心改换到左脚，右脚向右侧放，膝部弯曲——快

将重心改换到左脚，同时向左转身，右脚向后伸，膝部弯曲——慢

女子舞步

右脚向右侧跨，膝部弯曲，重心在左脚——快

将重心改换到右脚，左脚靠右脚，左膝弯曲——快

将重心改换到左脚，同时向左转身，右脚向后伸，膝部弯曲——慢

继续转身，将重心改换到右脚，左脚向左侧跨，膝部弯曲——快

将重心改换到左脚，右脚靠左脚，右膝弯曲——快

将重心改换到右脚，同时向左转身，左脚向前伸，膝部弯曲——慢

（3）右向下转身

男子舞步

依照快、快、慢的韵律，走完伦巴的矩形步，将女伴的右臂举起，慢步退后，以便女伴向下转身。

继续跳伦巴舞的另一矩形步，用右手推女伴身体的左边，使她在她的右臂下转身，男子在慢步后退时，恢复合对位置。

女子舞步

依照快、快、慢的韵律，走完伦巴的矩形步，举起右臂，准备在慢步向前跨走时向下转身。

在右手臂下面转身时，就要向右绕圆圈。开始时用右脚，依照快、快、慢的韵律，向前走三步，在男伴前面转身，继续以半矩形步前进，站成合对位置。

（4）古巴式走步

男子舞步

站在合对位置，双脚靠拢，身体重心在右脚

向左边绕，用左脚开始，依照快、快、慢的韵律（古巴式走步），朝着舞程线，用基本舞步，后退六步

女子舞步

站在合对位置，双脚靠拢，身体重心在左脚

向右边绕，用右脚开始，依照快、快、慢的韵律（古巴式走步），朝着舞程线，用基本舞步，前进六步

（5）开扩脱步

男子舞步

左脚向左跨——快

右脚靠左脚——快

将女伴推开，左脚向前跨，人向右边站，现在已站在同向位的位置，用伦巴舞的握手式，伸出左臂，弯着右臂肘——慢

现在，在逐渐地将女伴拉向自己这一边时，就要循着圆圈向右退后了（双肩不要歪斜）。依照快、快、慢的韵律（古巴式走步）后退几步，直到使女伴站在合对位置为止

女子舞步

右脚向右跨——快

左脚靠右脚——快

右脚向后退，离开男伴，向左边站开，现在站在同向位的位置，右手在男伴的左手中，弯着左臂——慢

男子将女伴拉向面前时，向右走成圆形（双肩不要歪斜）。左脚开始，依照快、快、慢的韵律（古巴式走步），向前走几步，直到站成合对位置。

（6）古巴式脱步

古巴式脱步是一种过渡的步法，是用来改变方向的，共有两个快步和一个慢步。在由前进的方向变为后退的方向时，男步是前进两

步，后退一步，前进一步，用右脚开始。

（7）前进、后退脱步

男子舞步

左脚向前跨，膝部弯曲——快

将重心换到左脚，右脚弯曲——快

将重心换到右脚，左脚靠右脚，左膝弯曲——快

将重心换到左脚，右脚向后退，膝部弯曲——快

将重心换到右脚，左膝弯曲——快

将重心换到左脚，右脚靠左脚，右膝弯曲——慢

女子舞步

右脚向后退，膝部弯曲——快

将重心换到右脚，左膝弯曲——快

将重心换到左脚，右脚靠左脚，右膝弯曲——慢

将重心换到右脚，左脚向前跨，膝部弯曲——快

将重心换到左脚，右膝弯曲——快

将重心换到右脚，左脚靠右脚，左膝弯曲——慢

（8）左、右横脱步

男子舞步

双脚靠拢，身体重心在右脚。

左脚向左跨，膝部弯曲——快

将重心换到左脚，右膝弯曲——快

将重心换到右脚，左脚靠右脚，左膝弯曲——慢

将重心换到左脚，右脚向右跨，膝部弯曲——快

将重心换到右脚，左膝弯曲——快

将重心换到左脚，右脚靠左脚，右膝弯曲——慢

女子舞步

右脚向右跨，膝部弯曲——快

将重心换到右脚，左膝弯曲——快

将重心换到左脚，右脚靠左脚，右膝弯曲——慢

将重心换到右脚，左脚向左跨，膝部弯曲——快

将重心换到左脚，右膝弯曲——快

将重心换到右脚，左脚靠右脚，左膝弯曲——慢

(9) 蝴蝶式脱步

男子舞步

站在合对位置，双脚靠拢，身体重心在右脚。

身体向左边站开，左脚着地，右脚跨过去，放在后面，同时使女伴朝右边向外转身——快

身体靠拢，右脚踏下——快

恢复合对位置，左脚踏地——慢

身体向右边站开，右脚着地，左脚跨过去，放在后面，同时使女伴朝左边向外转身，放开右手——快

身体靠拢，左脚踏下——快

恢复合对位置，右脚踏地，右手放在女伴左肩胛骨下——慢

女子舞步

站在合对位置，双脚靠拢，身体重心在右脚。

身体向右边站开，右脚着地，左脚跨过去，放在后面——快

身体靠拢，左脚着地——快

恢复合对位置，右脚踏地——慢

身体向左站开，左脚着地，右脚跨过去，放在后面——快

身体靠拢，右脚踏下——快

恢复合对位置，左脚踏地——慢

（10）交叉式

男子舞步

站在合对位置，双脚靠拢，身体重心在右脚，左手握着女伴的右手。

用右脚向右做轴转身，左脚跨在右脚的前面，膝部弯曲——快

将重心换到左脚，在原位将右膝弯曲——快

将重心换到右脚，略微向左边做转身，左脚靠右脚，左膝弯曲——慢

将重心换到左脚，向左做轴转身，右脚跨在左脚的前面，膝部弯曲——快

将重心换到右脚，在原位将左膝弯曲——快

将重心换到左脚，略微向右做轴转身，右脚靠左脚，右膝弯曲——慢

重复上述步法，将重心换到右脚。

女子舞步

站在合对位置，双脚靠拢，身体重心在左脚，右手被男伴的左手握着。

用左脚向左做轴转身，右脚跨在左脚的前面，膝部弯曲——快

将重心换到右脚，在原位将左膝弯曲——快

将重心换到左脚，略微向右边做转身，右脚靠左脚，右膝弯曲——慢

将重心换到右脚，向右做轴转身，左脚跨在右脚的前面，膝部弯曲——快

将重心换到左脚，在原位将右膝弯曲——快

将重心换到右脚，略微向左做轴转身，左脚靠右脚，左膝弯曲——慢

重复上述步法，将重心换到左脚。

(11) 原地右转身

男子舞步

站在合对位置，双脚靠拢，重心在右脚。

略微向右转身，左脚向横跨——快

继续向右转身，右脚踏在左脚跟后面，成直角形——快

继续向右转身，左脚向横跨——慢

继续向右转身，右脚踏在左脚跟后面，成直角形——快

继续向右转身，左脚向横跨——快

继续向右转身，右脚跨在左脚跟后面，成直角——慢

女子舞步

站在合对位置，双脚靠拢，重心在左脚。

右脚向前跨，同时略向右转身——快

继续向右转身，左脚向横跨——快

继续向右转身，右脚踏地，右脚跟在左脚尖前面，成直角形——慢

继续向右转身，左脚向横跨——快

继续向右转身，右脚踏地，右脚跟在左脚尖前面，成直角形——快

继续向右转身，左脚向横跨——慢

男子舞步

站在合对位置，双脚靠拢，身体重心在右脚。

向左转身，左脚踏地——快

继续向左转身，右脚向横跨——快

继续向左转身，左脚踏在右脚尖前面，成直角形——快

继续向左转身，右脚向横跨——快

继续向左转身，左脚踏在右脚尖前面，成直角形——快

继续向左转身，右脚向横跨——慢

女子舞步

站在合对位置，双脚靠拢，身体重心在左脚。

右脚向横跨，稍微向左转身——快

继续向左转身，左脚踏在右脚跟后面，成直角形——快

继续向左转身，右脚向横跨——慢

继续向左转身，左脚踏在右脚跟后面，成直角形——快

继续向左转身，右脚向横跨——快

继续向左转身，左脚踏在右脚跟后面，成直角形——慢

此外，回门步、纽约步也是比较基础的舞步。

6.探　戈

探戈是一种双人舞蹈，伴奏音乐为 *2/4* 拍，是顿挫感非常强烈的断奏式演奏，因此在实际演奏时，将每个四分音符化为两个八分音符，使每一小节有四个八分音符。目前，探戈是国际标准舞大赛的正式项目之一。

基本内容

跳探戈舞时，男女双方的组合姿势和其他摩登舞略有区别，叫作"探戈定位"。双方靠得较紧，男士搂抱的右臂和女士的左臂都要更向里一些，身体要相互接触，重心偏移，男士主要在右脚，女士在左脚。男女双方不对视，定位时男女双方都向自己的左侧看。探戈音乐节奏明快，独特的切分音为它鲜明的特征。舞步华丽高雅、热烈狂放且变化无穷，交叉步、踢腿、跳跃、旋转令人眼花缭乱。演唱者时而激越奔放，时而如泣如诉，或愤世嫉俗，或感时伤怀。歌词大量采用街乡俚语。跳舞时，男士打领结穿深色晚礼服，女士则是一侧高开衩的长裙。

历史起源

探戈据说起源于情人之间的秘密舞蹈，所以男士原来跳舞时都佩带短刀，现在虽然不佩带短刀，但舞蹈者必须表情严肃，表现出东张西望，提防被人发现的表情。探戈舞的肢体语言非常丰富，但目前应用于体育舞蹈比赛中规范了的探戈舞已经比阿根廷本地的探戈舞简单多了。

其实在探戈里的 Milonga 就是一种比较开心欢愉的探戈舞蹈类型，源自非洲的热情 Habanera 舞曲及欧洲的轻快 Poca 舞曲，因此，男女舞者在配合这种活泼俏皮的 milonga 音乐时，通常会摆脱原本阿根廷探戈的深沉哀愁，而转为男女相互嬉闹玩耍的气氛。

探戈被阿根廷人视为国粹。19 世纪末，年轻的阿根廷共和国经过连年战乱，进入稳定的发展时期，大批欧洲移民涌入这片富庶的土地。初来乍到者多在码头或工地做小工。每当夜幕降临，他们相聚在贫民区的小酒店饮酒跳舞，聊以舒解都市生活的寂寞与思念家乡之苦。

移民来自不同的国家和地区，他们带来了不同的舞蹈和音乐，探戈就是在这块富饶的土地上生长起来的一朵绚丽的花朵。

探戈以意大利、西班牙风格为主，夹杂着一些黑人乐舞的韵调，集音乐、舞蹈、歌唱、诗歌于一体，是一门风格独特的综合艺术。

到 20 世纪初，探戈已普遍为大众所接受，40 年代迎来了它的黄金时代，涌现一大批词曲作家、歌唱家和舞蹈家。

探戈百年风情

像斗牛代表着西班牙一样，探戈就是阿根廷的代名词。最初的探戈被当作是交谊舞中的另类，从诞生之日起就受到了争议，后来，几经变化才成了今天这个样子。那么，探戈背后到底有什么样的故事呢？我们一起去看看。

探戈的起源人们有各种各样的说法，有人认为探戈起源于黑人舞蹈，也有人说探戈是欧洲人带到阿根廷的。虽然这些因素都或多或少地影响了探戈的发展，但有一点是可以肯定的，只有在阿根廷自由奔放的气氛中，探戈才真正长大成人，成为一种新的、独特的舞蹈形式。

19 世纪末，探戈出现了。最初的探戈并不像现在这样高雅，流行于酒吧和小餐馆，那时的探戈最让人不可思议的是，柔媚的探戈最初竟然完全是男子的舞蹈。据说，在布宜诺斯艾利斯的小酒馆里，男子为了吸引姑娘的目光，跳起了激情四射的探戈。两个男人跳探戈会是什么样，我们在今天已经看不到了，不过探戈中一些带有对抗性的动作，却能让我们看到当时探戈的风采。

大约在 20 世纪 20 年代，一位名叫卡洛斯·卡德尔的人和他的舞蹈队将探戈舞带到了巴黎，一夜之间，探戈征服了巴黎这个时尚之都。为了迎合上流社会的欣赏口味，法国贵族对探戈进行了一些改造，去除了探戈中粗犷野性的成分，使它变得高贵优雅。

到了 20 世纪七八十年代，探戈形成一种墙里开花墙外红的景象。一方面，世界各地学习探戈的人越来越多；另一方面，在阿根廷，随着流行音乐的入侵，阿根廷大部分探戈录音室应声倒闭。而且阿根廷相当一部分青年并不喜欢探戈，认为它已经过时。针对这种情况，阿根廷政府为了弘扬和提倡民族文化，颁布法令，甚至规定设立专播探戈的电台、电视台。经过种种努力，探戈又焕发出了新的活力。

发展状况

近年来，阿根廷的探戈产业发展迅速并取得了举世瞩目的成绩。以乐师、舞蹈演员、音乐磁带、书籍为主体的探戈产业在全世界年创价值达 20 亿美元，阿根廷从中得到 1.8 亿美元的回报，5 年之后，回报率将攀升至 4 亿美元。据业内人士介绍，1.8 亿美元相当于阿根廷葡萄酒和其他酒类年出口创汇的总和。5 年后的 4 亿美元，将相当于阿根廷肉类年出口创汇（8.29 亿美元）的一半，并大大超过渔业（2.97

亿美元）和制鞋业（*0.36亿美元*）的创汇总和。

以前，探戈的主要商演国为美国和德国。近年来，由于阿根廷政府采取了法律上保护、政策上扶持的一系列有效的措施，加上阿根廷探戈艺术表演团体的频繁出访和开展大规模的广告活动，探戈艺术先后在欧洲、亚洲等地也赢得了大批观众，并形成一股强劲的"探戈热"。

一家国际知名的咨询公司的调查显示，阿根廷探戈品牌的知名度可与美国的可口可乐相比。该公司认为，阿根廷的探戈是今后5年世界增长速度最快的出口项目。目前，阿根廷拥有庞大的探戈艺术队伍，作为表现布宜诺斯艾利斯人日常生活的艺术形式，探戈以其雅俗共赏的艺术魅力深受人们的喜爱。

探戈可以说是最典型的拉丁美洲的艺术表现形式了，它有着相当的独特性和兼容性。探戈起源于通俗文化，并作为一种充满激情的大陆文化遗产流传下来，现在已成为最具有艺术生命力和神秘拉丁色彩的艺术。探戈是男人和女人永恒的战场，它定义了爱的行为，而这种行为又会在舞蹈形式与风格中表现出来。探戈通常的表演规则和形式是有限的，想象力和激情却是无限的。

探戈流派

阿根廷探戈

阿根廷探戈，流行于现今时日各类探戈的祖源。在阿根廷首都布宜诺斯艾利斯，探戈代表了阿根廷的草根性，但它不是休闲的一种，已是文化的一种。早期它不称"探戈"，而称为"Milonga"，它是从众多阿根廷民族舞蹈中演变而来。此舞蹈的出处备受当时民众的排斥，一称中下阶级之色情媒介舞蹈，一称此舞蹈为男同志间的舞蹈。

或许也因其隐藏在舞蹈中的热情，化解了冷漠社会中民众冰冷封闭的心，不但阿根廷接受了探戈，全世界也拥抱了探戈。现今，阿根廷探戈备受尊宠，是各类舞蹈中的翘楚，下至社区阿根廷探戈舞蹈教室，上至美国百老汇剧院，舞迹可以说无处不在。

英式探戈

阿根廷探戈传入英国后，最初受到排斥，直至 1907 年，英国伦敦才肯认定阿根廷探戈是社交舞蹈的一种。1920 年左右，英国政府对探戈给予了制式化，由于其制式模板的发行，在推广上势如破竹。从此，在阿根廷人眼中的异种探戈——"英式探戈"，逐渐取代了"探戈"这两个字。

美式探戈

美式探戈，由阿根廷探戈发展而来。美式探戈初期，其上身握持较接近阿根廷式，但腰腿脚部之动作属改良式，而舞步移动同英式探戈般，舍弃了原地彼此对绕，多采用大步移动的方式。

近年来，美式探戈也因英式探戈的流行，在握持与舞步上已产生偏向英式探戈的趋势。传统的美式探戈，在好莱坞电影中可窥一二，在影片中，导演往往让冷漠的美艳女主角，经由探戈舞的阳性自大热情而投向对方。电影并未让美式探戈风靡世界，但"探戈"二字经由电影深植入世界各国人民之心。

台湾探戈

台湾探戈，朝鲜战争至越南战争期间，由驻台美军引进。换言之，美式探戈是台湾探戈的前身，经由台湾舞者的自创与变化，产生了属于我们的探戈，因此，台湾探戈中嗅不到阿根廷探戈的浪漫热情。而握持因民风相异而不同，除手背有接触外，其余均不接触；不过，舞步的多样化、复杂化是台湾探戈的特色。

可贵的是台湾探戈与本土音乐的节拍与速度，相互嵌合而自成

122

一格，也因这点，台湾探戈可名列五大探戈之一。现今，如能在舞步上统一规划，编列教材，才能延续台湾探戈的历史生命。

竞技型探戈

以英式探戈为根基的竞技型探戈，在握持上渐有脱离旧有英式探戈方式，采取较夸张的态势，基础舞步上保有英式的架构，但在竞技舞步的排序与音乐变化上，全然与传统英式探戈迥异，但其效果却是爆发性地吸引人，抛头顿足是其特色，也是传统阿根廷探戈爱好者嗤之以鼻的动作。

在竞技场，探戈属摩登舞系，而阿根廷地处南美洲，属拉丁舞系，为何排除于拉丁舞系之外，而归于摩登舞系呢？按舞史记载，早期摩登舞系只有华尔兹、狐步、快四步三项，而拉丁舞已有五项，为求摩登舞的数量上与拉丁舞相抗衡，找来了握持相类似的阿根廷探戈加入，也因此，阿根廷探戈注定脱离拉丁舞的热情与性感，相信竞技型的探戈将是世界舞蹈爱好者最期望学习的探戈，而学习英式探戈是必经途径。

音乐

探戈在教学上以一小节四拍，慢为两拍，快为一拍，1234 为普遍的教法。但在乐理上，探戈是每小节 2/4 拍，一小节应是两拍，慢为一拍，快为半拍，拍数算法应是 1a2a，如同桑巴舞般；不过此种算法较少有教师使用，建议还是使用 1234 的算法，较不易造成混淆。

英式探戈草创时的速度是每分钟 33 小节，而在竞技型探戈的舞步愈趋复杂下，为求得完好表现，已迫使音乐速度降至每分钟 30 小节。

比赛

对摩登舞选手而言，因探戈的舞风、握持与其他舞科的相异，选手必须适度调整身体手足、重心放置等位置，由摆荡倾斜的肢体驱动方式转换成垂直移动身体的运动方式，迎接探戈舞的竞技。外表自大傲慢、棱角棱线的身段是男舞者必须呈现的第一印象，表现重心较低的屈膝是第二印象；因无大规模的升降、倾斜与摆荡可表现，舞蹈中大量使用旋转、轴转、回旋及定点舞步，是探戈舞求取表现必备的重点。

近年来，舞者为求探戈舞更好的表现，有阿根廷式探戈之独特脚部动作、快四步之追并夹脚舞步及拉丁舞系之动作等。大量非传统英式探戈舞步，渗入探戈竞技舞步中，使探戈舞步更加灿烂非凡，而在基础概念上，也有着明显的突破，使用脚尖是例一，身体的倾斜是例二，非摆荡型的升降是例三，以上种种，使得探戈在比赛场更有挑战性与可看性。

舞风

竞技型探戈的舞风，基本分为两种形态，一为敏捷轻巧型，二为军事行军型，二者均有其风格。所谓敏捷轻巧型，行如猫、虎类，行进间如秋风扫落叶般，无声无息，但所过之处风沙千里、落叶四散。定点动作，其身体的敏锐度与柔韧度是非比寻常的，此舞风较接近阿根廷探戈之罗曼带克式精神，较缠绵，也较少有厮杀气。

所谓军事行军型，行进间以浑重的大动作来表现，敲锣打鼓热闹非凡。定点动作宛如炸弹开花，爆发出无比的威力，此舞风较接近日本武士道精神，较霸气，血腥味浓厚。两者均是探戈，按舞者之喜好，可单独或交替使用。而两者间的共同点，就是瞬间由移动转入静止，产生独特之探戈"Staccato"动作。

竞技探戈舞，缺少了 Staccato 就不能算是竞技探戈。"断音""断奏"是中文解释，字面解释是在绵延不断地演奏音乐中，突然停住，在一拍或数拍后继续演奏。而在舞蹈意义上，舞蹈时，在不间断地快速移动中，突然急停身体，重心定点顿住，产生定格画面，此动作对探戈舞者之重心转移、足部抓地力等，需具有深厚之功力，才能完美表现此动作，也是舞者功力等级之评判点，Staccato 可以说是代表了竞技探戈舞风格的主要特征之一。

探戈脚部运用的技巧

脚跟

因为在探戈的舞步中，没有升降或摆荡的动作，探戈大多数前进舞步的足着点，都落在脚跟的位置。其实探戈舞步是把脚跟平放的，在探戈中脚趾是不应受到压迫的，因此，将不再提到脚趾的部位。在讨论探戈足着点时，将以脚掌的部位为主。先前我们曾提过如果有旋转或者升起时，足着点会落在脚趾的部位。我们都知道在探戈中没有上升的动作，但是如果探戈在做转的动作时，足着点会在脚跟和脚掌吗？逻辑上来说，应该是这样，但实际上也并不尽然，因为这是和转动的幅度与方法有关。

脚跟到脚掌

探戈有其独特的性质。在前进步做转的动作时，足着点通常都在脚跟，事实上,这样的动作是把脚跟平放(此后不把"平放"说出来)，而且脚掌不会感受到压力。例如男生在摇转步或开式左转步中第一步的前进。有人形容探戈的常步，会有一种好像脚被黏住的感觉，这感觉就像走在刚铺好的柏油路上一样。所以，探戈不同于华尔兹，在探戈一般的转动作中，回旋的动作总是被避免。如果在转时需要有回旋的动作，就像女生在外侧回旋的舞步中，足着点就真的变成脚跟到脚掌。她同时快速地向右侧旋转。而外侧的舞伴在右扭转步第五步的时候，是运用脚跟到脚掌的步法。这和技术书上所描写的是一致的。

脚掌到脚跟

脚掌到脚跟就是当男生或女生在做后退步时的动作。然而并非如此简单，因为探戈的握持和探戈的舞步风格，反身位置时右脚后置。笔者认为脚在这个时候，是从脚掌的外侧边缘开始辗动直到脚跟平放，然而当左脚退回到开放的位置时，脚将从脚掌内辗转到脚跟。

脚掌内缘到脚跟

男生在左脚后退时要用左肩膀去引导（就像退锁步在左脚），你将会感觉到你一直在使用脚掌内缘到脚跟，同时，在闭式行进间当女生以侧行步踏向右脚（第三步），她大约向左转了四分之一，因此就会用到脚掌内缘，然后把左脚并向右脚，整个脚轻微向前进。

脚内缘

当你以左脚踏向侧边并且右脚并到左脚时，左脚将以脚内缘的部位来作为主要的支撑，而右脚将轻轻地靠回来，足着点将落在整个脚上。

整个脚

足着点落在整个脚也经常出现在女生的舞步中。当左转步（左脚）的第二步在踏向侧边时，会用到这种足着点。

脚掌

在右扭转步当男伴的右脚在左脚后面通过时，他用了脚掌然后做右扭转动作（也许是反向的扭开）足着点将是在右脚掌和左脚脚跟上。

7. 桑　巴

基本内容

桑巴是音乐加舞蹈的混合体。音乐主要是由弦乐、打击乐和歌手来共同完成，而舞者则负责舞蹈的部分。桑巴是巴西最具代表性的国家象征之一。

如果用一句话来形容桑巴，桑巴是欧洲白人音乐与非洲黑人音乐融合的产物。其实大部分巴西音乐都是在这样的大背景下产生的，比如我们熟悉的 Bossa Nova，还有它的前身 Choro 和巴西爵士。一边是随着非洲黑奴登陆巴西的黑人音乐，一边是欧洲，尤其是德国和意大利移民的欧洲音乐，当这两种音乐在里约热内卢融合的时候，就诞生了现在我们所知道的桑巴。

我们常在电视新闻中看到的桑巴片段其实只是桑巴的一种风格，也是最为著名的一种风格，即里约热内卢桑巴。对于大多数巴西人来说，里约热内卢桑巴就是桑巴的代名词，而对于外国人来说，由于里约热内卢狂欢节的盛名，他们所知道的也往往是里约热内卢桑巴。从里约热内卢向北到巴西的东北海岸巴伊亚州，那里的首府萨尔瓦多是巴西另一个因狂欢节而著名的城市。这里当年是黑奴到达美洲的第一站，是黑奴交易中心，也是当时巴西的首都，黑人文化因此在这里扎根发芽。这里的桑巴风格通常被称作"Samba Afro"和"Samba Reggae"，因为 R 在葡萄牙语里有时发音为 H，因此 Samba Reggae 更常见的叫法是 Samba Heggae。

每年一度的狂欢节是桑巴音乐展示的最佳舞台。来自世界各地的游客会在每年 2～3 月挤满里约热内卢和萨尔瓦多——巴西的两个旧都，也是巴西音乐最重要的两个发源地。著名鼓团或者桑巴学校的游行演出是狂欢节的精华所在。里约热内卢的狂欢节其实就是各个桑巴学校一年一度的竞赛，每个学校都会为这个比赛编写并推广自己的主题曲，进行大量的舞蹈和打击乐排练，制作华美的演出服，一切只为了在那个长约 1 公里的著名的狂欢节大道上进行一次完美的演出。里约热内卢狂欢节以华丽、激昂、明亮、节奏超快著称。2008 年的里约热内卢狂欢节，有一个桑巴学校的演出达到了每分钟 140 拍以上，对于舞者这几乎是无人所能达到的极限速度。而到了东北部巴伊亚州的萨尔瓦多，桑巴的节奏变得缓慢了一些，去掉了像 Tambourim 这种音色极其明亮的乐器，更富有黑人律动。这里的游行演出不是比赛，完全是娱乐，而且这里是桑巴的真正诞生地，因拒绝商业化而使得狂欢节保留了更为传统的面貌，所以很多人在体验过里约热内卢的狂欢节之后更愿意前往萨尔瓦多体验那里的文化与节奏，或者是去最古老的街区 Pelourinho，寻找当年 MJ 拍摄 They don't care about us 巴西版 MV 时与著名鼓团 Olodum 合作演出的痕迹。事实上，直到现在 Olodum 每年狂欢节前后还会在那里进行免费的公开演出。

里约热内卢狂欢节

如前所述，狂欢节是个比赛，因此里约热内卢的数十间桑巴学校会花一整年时间备战狂欢节。比赛被分为六个等级，特别组和 ABCDE 组，只有特别组才有资格在那条著名的"桑巴大道"上，在 9 万观众面前游行演出。这条长约 1 公里的路，每个桑巴学校走下来至少要用一个小时，因为队伍庞大，有 3 000～5 000 人的演出团队和 6～8 台花车。

比赛分为 2 天，每天 6 个学校。评审根据每个学校的舞蹈、音乐、服装、故事编排和花车设计来评分。特别组的最后一名下一年降级到A组，而A组比赛的第一名则会升级到特别组。每个桑巴学校每年都会设定一个主题，所有环节围绕这个主题展开，尽全力渲染。

2009年，里约热内卢桑巴游行大赛的冠军是Salgueiro。这所学校最早也是非裔巴西人展现自己的舞台之一，但现在变成一个典型的精英鼓团，粉丝以中产阶级为主。它在靠近里约热内卢市中心的区域拥有一个演出大厅，相比之下，其他鼓团的演出场所多位于贫民窟中，对游客来说是相当危险的地方。

桑巴雷鬼

巴西人常说，巴伊亚州生了桑巴，却没有好好抚养桑巴。指的是桑巴在传到里约热内卢之后才逐渐取得了今日的声望和地位，传播到巴西各区，成为代表一个国家的音乐形式。20世纪初，来自巴伊亚州的桑巴随着音乐家、匠人的迁徙来到里约热内卢，桑巴在和声、节奏上受到了一些欧洲音乐流派的影响，比如军乐队，结果20世纪30年代前后，巴伊亚桑巴发展成速度更快、声部更复杂的桑巴，也就是现在著名的里约热内卢狂欢节上能够看到的桑巴。这种里约热内卢风格的桑巴迅速传遍巴西，同样也包括桑巴的诞生地巴伊亚州。

1960年年末至1970年年初，世界各地的非洲后裔掀起了反对种族歧视、宣扬自身价值的Black Pride运动。这场运动在美国的代表是马丁·路德·金，在牙买加是Bob Marley和Reggae，而在巴西巴伊亚州的萨尔瓦多，便是桑巴雷鬼。在里约热内卢桑巴之外，非裔巴西人发展出了能够代表自己的狂欢节游行音乐。

演奏桑巴雷鬼的鼓团基本上可以分为两种：一种是严格由纯正非裔血统的巴西人组成，带有政治色彩；另一种是以黑人为主，允许其他人种（通常也是有色人种，白人很少见）加入，不带有政治色彩。

1974 年诞生的 Ile Aiye（意为生命之屋）便属于前者。这是第一支演奏桑巴雷鬼风格音乐的鼓团，也是第一支黑人鼓团。成立的第二年，该舞团首次参加了狂欢节演出。Ile Aiye 创始人将早期的巴伊亚州桑巴与代表了黑人运动的雷鬼乐结合起来，为了区别于里约热内卢的桑巴，他们反其道而行之，故意放慢了节奏，去掉了 Tambourim 这样的高音打击乐器，歌词中还充满了与政治和社会相关的内容。虽然当时人们只是用 Samba Afro 来形容他们的音乐，但那实际上就是桑巴与雷鬼结合体的 *1.0* 版本。

Ile Aiye 的出现是一个分水岭，此后大量黑人鼓团在萨尔瓦多涌现，演奏 Ile Aiye 的节奏。Ile Aiye 对桑巴的贡献一个是引入了用两只鼓槌高速滚奏的 *4* 号低音鼓声部，另一个是引入了军鼓，在葡萄牙语里叫 Caixa，演奏一种融合了桑巴与雷鬼的切分节奏。不过相对于后来的桑巴雷鬼鼓团，Ile Aiye 的节奏保留了更多的原始桑巴的风格和技巧，听起来与早期（那时速度还没有大幅度提高）的里约热内卢桑巴非常相似。

创建于 *1979* 年的 Olodum 被认为是桑巴雷鬼的真正创造者，他们也以此自居。*80* 年代早期，原 Ile Aiye 的指挥 Neguinho 来到 Olodum，并发展出了一种全新的 Repinique 打法，用两只鼓槌高速不间断打击代替原来的一只鼓槌一只手的打法。新打法让桑巴变得激烈、震撼起来，音量大大增加，速度越来越快，距离很远便能听到演奏。

Olodum 是 *20* 世纪 *80* 年代最炙手可热的桑巴鼓团之一，几乎所有其他非裔鼓团都演奏该鼓团的节奏。到了 *1986* 年，Samba Reggae 这个词第一次被用来形容 Olodum 的音乐。Olodum 可能是巴西最有国际声望的桑巴打击乐团，他们与 MJ 合作 They don't care about us 巴西版，与保罗·西蒙合作，巴西国内的著名音乐人就更数不胜数了。他们打击 Repinique 的方式后来也得到了普及，就连 Ile Aiye 也在 *20*

世纪 90 年代初改用两只鼓槌打击 Ripinique。

现在巴伊亚年轻一代的鼓手，30 岁以内的，受到 Timbalada 的影响比较大。Timbalada 成立于 1994 年，创始人为 Carlinhos Brown，他为鼓团引入了一种濒临灭绝的乐器 Timbau（一种由传统手鼓演变而来的手鼓，音色亮，重量轻，便于背负游行），鼓团因此得名并闻名。

Timbalada 严格说来是一个舞台型鼓团，即 Banda，而不是狂欢节时在街头游行的 Bloco。其节奏融入了更多的非洲元素，在演出的时候使用较多的 Timbau，这让那个年代的年轻人开始疯狂学习 Timbau。Timbalada 发展出了一些适合舞台表演的演奏方式、技巧，比如将三种低音大鼓 Surdos 和一个 Repinique 固定到一个架子上（类似于架子鼓），由一个人演奏。

桑巴的基本舞步

桑巴源于巴西，是一种民间舞蹈，在当地的狂欢节从 Bajao 到 Marcha 有很多种桑巴舞。为了将桑巴舞的特点表现出来，舞者必须欢快、煽情、激昂地表演。桑巴有着特有的节奏，其中以富有巴西特点的乐器著称。现在很多健身房中也兴起一种叫"拉丁健身操"的项目，这种运动方式已经不是某种单纯的拉丁舞，而是利用了很多拉丁元素组合而成，经过简化和操化而形成一种综合性很强的运动概念。比如桑巴、恰恰、曼波都广泛地运用到这种课程当中，让大家可以在那热情奔放的音乐中同时享受到身心的愉悦。

动作分解：左、右扫步。

（1）左脚左侧迈步，髋关节由右向左划八字，左手向左侧打开伸直，右手划一弧形扣肘从脸侧划下。

（2）右脚后侧点地的同时放髋下压，右手向后摆打开伸直，左手划一弧形扣肘从脸侧划下。

（3）同（1）相反方向。

（4）同（2）相反方向。

如果你已经迫不及待地在摩拳擦掌了，可以去亲身体验一下拉丁舞给你身体带来的不一样的感觉。

桑巴的弹跳

桑巴舞的弹跳所指的是什么呢？桑巴起源于巴西和嘉年华会舞，有着膝盖的压缩与拉直的特色，产生弹跳是因为骨盆收缩或者身体压低，它被称为"弹跳动作"，它并不是真的向上和向下蹦跳。

弹跳是如何形成的呢？利用 .1/2 拍将膝盖下压，用另 1/2 拍将膝盖拉直。我们把一个拍子分成两部分——1&，1 代表第一个半拍，& 是第二个半拍。问题是：要在 1 时弯曲膝盖，同时在 & 拍时把膝盖拉直吗？或者是其他的，对我而言较符合逻辑的是踩 1 时膝盖弯曲接着在 & 这个阶段才把膝盖拉直。

8.华 尔 兹

简介

华尔兹，又称"圆舞"，一种自娱舞蹈形式。华尔兹舞曲，即圆舞曲，也常被称为"华尔兹"。"华尔兹"一词最初来自古德文 Walzl，意思是"滚动""旋转"或"滑动"。

华尔兹根据速度分化为快慢两种之后，人们把快华尔兹称为"维也纳华尔兹"，而不冠以"维也纳"三字的即慢华尔兹，它是由维也纳华尔兹演变而来的。作为三步舞的华尔兹，其基本步法为一拍跳一步，每小节三拍跳三步，但也有一小节跳两步或四步的特定舞步。

快慢两种华尔兹都以旋转为主，因而有"圆舞"之称。华尔兹因速度慢，除多用旋转外，还演变出多种复杂多姿的舞步，其中有不少舞步在步法上与探戈、狐步舞和快步舞的同名舞步基本相同，只是节奏和风格不同。再加四大技巧在华尔兹中得到全面和充分的体现，所以它被列为学习国际舞的第一舞种。

华尔兹舞步在速度缓慢的三拍子舞曲中流畅地运行，因有明显的升降动作而如一起一伏连绵不断的波涛，加上轻柔灵巧的倾斜、摆荡、反身和旋转动作及各种优美的造型，使其具有既庄重典雅、舒展大方，又华丽多姿、飘逸欲仙的独特风韵。它因此而享有"舞中之后"的美称。

起源

华尔兹一词，据考证大约出现在 *1780* 年前后，而 *3* 拍子"蓬嚓嚓"

节奏的圆舞则很早之前就流行于欧洲，特别是在德国巴伐利亚和奥地利维也纳一带的农民中。至于华尔兹类型的舞曲，则早在 17 世纪就演奏于哈普斯堡的皇家舞会上。

尽管华尔兹这种自娱舞蹈形式早已流行于农村，但它能够成为城市民众的舞蹈时尚，却是有其社会变革和艺术趣味等多方面的原因。18 世纪末的法国大革命及其在欧洲各国的激烈影响、工业革命的兴起和工人阶级的大规模出现等，使人们对自娱性舞蹈风格的要求发生了巨大地改变。曾一度广为流行的小步舞和加伏特舞因其刻板、拘谨的风格而被淘汰。身体轻松自然、风度飘逸洒脱的华尔兹一时间成了人们（特别是法国人）更能自得其乐的方式。

华尔兹的迅速流行自然受到出于种种目的的反对和阻碍。除教会说它因男女持抱近、动作旋转过快而不道德、不文明，甚至粗俗邪恶、不堪入目外，还被原来靠教授小步舞和其他宫廷舞为生的人们视其为眼中钉、肉中刺。华尔兹的简单易学和自由舒畅的特点，吸引了广大的舞者，常常只要在一旁观看一会儿就能学会。这种舞无须像小步舞那样，非掌握大量复杂的花样才能登场。

在保守的英国，华尔兹甚至被不少人恨之入骨，惧之如虎。

当时报界还对其进行了谩骂。然而，这种谩骂却使得欧洲人更加热衷于华尔兹。法国革命后的资产阶级立即全面地接受了华尔兹。据统计，仅在 18 世纪末的巴黎，就一下子涌现出了 700 多家舞厅。

1834 年后，华尔兹传到了美国。它在美国的第一个落脚点是波士顿，随即传到了纽约和费城，传说它也曾使上流社会呆若木鸡。但不久之后，到 19 世纪中叶，华尔兹就在美国的社交圈子里扎下了根。

华尔兹舞的深得人心与其音乐的轻松流畅密不可分，两位奥地利大作曲家约瑟夫·兰纳和约翰·施特劳斯的贡献是华尔兹舞蹈史书中的一个重要部分，由他们创造的威尼斯华尔兹标准节奏是每分钟

55 ～ 60 拍的快速度，非常适合现代人的口味。

美国人对华尔兹舞发展的贡献在于波士顿舞与踌躇舞两种华尔兹的变体。前者节奏徐缓，舞步修长，前后方向的动作较多；后者速度比较缓慢，3 拍子才跳 1 步。

专家认为，华尔兹舞对整个舞厅舞蹈的发展所做的贡献中，最重要的是使人们逐渐认识到了这样一个事实：唯有自然的身体动作才能持久。这使舞厅舞最后不再像 19 世纪那样，非采用古典芭蕾中脚的五个位置不可了。

摆荡

摆荡的动作与转身动作是不能分开的，两者之间并存的是一种引擎与轮胎的关系。没有转身动作，摆荡的动作将显得硬而不平衡，摆荡的完成表象，要借身转动作经过身体中心及腿部、臀部的运动，还有肩膀与手臂的摆转来达成时间运动的技巧，来完成轻盈且优雅而具有动力形态的舞姿。

舞者的思考逻辑会以为上身不动就是好的现象，但肢体是自由的，舞伴之间的配合与协调更是不能受到束缚，身转动作能使肢体肌肉产生松弛的作用，所以摆荡之前必须做好身转动做的准备工作；双膝松曲，自腿部以上将身体稍向前撑，双肩放松平放，背腰稍微撑紧，身体重力置于双掌。

开始移动后，舞步里所指的转度，指的是双足之间的转度，并非指身体的转度，尤其是女士，几乎只有前进与后退的动作，转度则由男士全部来完成。

9.快 步 舞

快步舞，将芭蕾舞中的一些小跳动作融合在内，而显得更加轻快灵巧，更具技巧性和艺术魅力。

起源

快步舞起源于英国，最早原是黑人的土风舞，以后逐渐演变。快步舞与波尔卡、茶尔斯顿有着密切的关系。波尔卡是捷克民族舞蹈，早在 1825 年就有记载，后来传到法国首都巴黎，著名的舞蹈家采拉利乌斯把它带进沙龙，在 1840 年公开露面，到 1844 年就风靡世界，在欧洲舞坛上和华尔兹相媲美。早期的快步舞和狐步舞连在一起流传到英国后，快步舞经过演变，逐步发展并成为另一种快步舞。20 世纪初期得到发展，1924 年，英国皇家舞蹈教师协会公开发表慢狐步舞与快步舞，从此快步舞才从狐步舞中脱离。因此，快步舞先是吸收狐步舞的动作，后又是引入芭蕾的小动作，使舞蹈动作更显轻快灵巧。

从美国民间舞"P、E、E、P、BOOY"改编而成，早期快步舞吸收了快狐步动作，后又引入芭蕾的小动作，使动作更显轻快灵巧。音乐 4/4 拍，每分钟约 50 小节，基本节奏是慢慢快快（SSQQ），慢快快慢（SQQS），风格特点是轻快活泼，富于激情，舞步洒脱自由，饱含动力感和表现力。

"一战"时快步舞在纽约郊区得到了长足发展。起初只在加勒比和非洲有人跳，后来，在美国的音乐厅初次登场就立即在舞厅里流行起来。狐步舞和快步舞有着相同的起源，20 世纪 20 年代时很多乐队

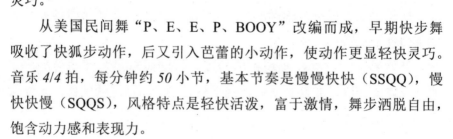

都将慢狐步舞演奏得很快，因此引起很多人的抱怨。后来发展成为两种不同的舞，慢狐步舞的拍子被减慢了下来，而快步舞则变成了狐步舞的快版本，每分钟 48 小节。Charleston 对快步舞的发展有着深远的影响。

特色

快步舞动作轻快活泼，富于跳跃性，舞步圆滑流利，奔放灵活，快速多变，令人目不暇接，极富魅力，能引导人们进入欢快活跃的气氛中去，尽情地享受快步舞所带来的欢乐，显露青春活力，给人以美的愉悦。快步舞因步子很快而得名，又因其具有轻快灵巧、活泼欢跳的风格特点而有"欢快舞"之称。

跳快步时要掌握好基本的动作和身体的感觉,快步舞富有技巧性。所以要松膝，控制好身体重心移动，因为快步舞的动作较快，具有跳跃性、转动、并步，而跳跃步是最具有感染力，做跳跃步时不要跳离地面过高，只要足尖刚刚离地即可。快步舞在体育舞蹈中是属于侧行运动，所以在跳快步舞中要注意这种侧行运动的方式。快步舞是摆荡加快速移动，既要跟上节奏又要使动作不要变形，所以要注意重心移动和摆荡的运用。

快步舞的升降形态通常为：第一步结尾时开始上升，第二步和第三步继续上升，第四步保持上升，结尾下降。不同的舞步有不同的升降方式，但是升降大都是依狐步舞的形式，也有的舞步是依华尔兹的升降形式，因此要掌握好升降的运用和舞步的技巧。

舞步

基础级组步

直角转步；右旋转步；右转步；右转踌躇步；右轴转步；直行追步；进锁步；退锁步；交叉追步；左轴转；换向步；双左旋转步；右醉追步；

追并左转步；曲折步，退锁步与跑步结束。

中级组步

快分式左转步；右直行追步；滑雪形转步；交叉回旋步；鱼尾步；四快跑步；右转步，退锁步与跑步结束；右转跑步；V～6步。

高级组步

六快跑步；盘旋截步；伦巴交叉步；跟跄追步。

练习要领

脚踝练习

两脚并拢，脚向地面做功产生力源压力，推动重心由脚跟向脚尖移动同时提起脚跟；还原要经脚尖、脚掌、脚心、脚跟控制垂直落下。反复多次练习。

注意要领：两腿大腿根肌肉内缘夹紧；膝关节要始终保持放松（保持微曲延伸不要挺直）；一定要先向地面用力后再向前移动重心；上身要放松保持竖轴直立；脚跟提起后大腿后面肌肉向前继续用力经小臀肌、大臀肌使胯关节到位（完全送至脚尖上）。

弹跳练习

两脚分开、两膝内扣、两脚踝内侧着地、重心移至一脚上，重心脚弹跳移向另一脚位置时另一脚迅速弹开。

注意要领：移动时是主力脚向下压地推动整个身体移向动力脚位置；始终保持两脚内侧脚掌着地；整个移动过程身体要保持竖轴直立；意识要向前向远；两腿膝关节要一直放松保持弹性；两膝、两脚踝要一直内扣、裆部始终要夹紧；收脚要迅速；重心移动要到位；重心转换要快。

1. 舞 台 剧

舞台剧，可以定义为呈现于舞台的戏剧艺术。由于现代科技的进步，不仅舞台的配套设施日趋完美，而且舞台自身的功能愈发齐全——灯光的旋、扫、闪，装置的升、移、摇，音效可以在剧院环绕，影像可以在舞台升腾；舞台可以横移，舞台可以旋转，舞台可以云山雾罩，舞台可以呼风唤雨……

现场劲舞是舞蹈界的新舞种，是一种尝试。其特征是摆脱古典芭蕾的形式和束缚，以自然的舞蹈动作，自由地表现思想感情和生活，后来的许多舞蹈家继承了邓·肖的主张，又各自创造而形成不同的流派。

舞台剧按内容可以分为喜剧、悲剧和正剧；按表现形式可以分为歌剧、舞剧、话剧、哑剧、诗剧等。

2.课 本 剧

　　课本剧就是把课文中叙事性的文章改编为戏剧形式，以戏剧语言来表达文章主题。改写的时候注意保留原意，不能改得面目全非。

　　戏剧是一种综合性的舞台艺术，剧本是舞台演出的依据和基础。要想把课文中叙事性的诗文改编为课本剧，首先要懂得剧本的特点，然后才能根据其特点编出符合要求的课本剧。

编写课本剧必须突出体现剧本的三个方面的特点

　　（1）空间和时间要高度集中

　　剧本不像小说、散文那样可以不受时间和空间的限制，它要求时间、人物、情节、场景高度集中在舞台范围内。小小的舞台上，几个人的表演就可以代表千军万马，走几圈就可以表现出跨过了万水千山，变换一个场景和人物，就可以说明到了一个全新的地方或相隔多少年之后……相隔千万里，跨越若干年，都可通过幕、场变换集中在舞台上展现。

　　剧本中通常用"幕"和"场"来表示段落和情节。"幕"指情节发展的一个大段落。"一幕"可分为几场，"一场"指一幕中发生空间变换或时间隔开的情节。剧本一般要求篇幅不能太长，人物不能太多，场景也不能过多地转换。初学改编短小的课本剧，最好是写成精短的独幕剧。

　　（2）反映现实生活的矛盾要尖锐突出

　　各种文学作品都要表现社会的矛盾冲突，而戏剧则要求在有限的空间和时间里反映的矛盾冲突更加尖锐突出。因为戏剧这种文学形式是为了集中反映现实生活中的矛盾冲突而产生的，所以说，没有矛盾冲突就没有戏剧。又因为剧本受篇幅和演出时间的限制，所以对剧情中反映的现实生活必须凝缩在适合舞台演出的矛盾冲突中。

剧本中的矛盾冲突大体分为发生、发展、高潮和结尾四个部分。演出时从矛盾发生时就应吸引观众，矛盾冲突发展到最激烈的时候称为"高潮"，这时的剧情也最吸引观众，最扣人心弦。高潮部分也是编写剧本和舞台演出的"重头戏"，是最"要劲"、最需要下功夫之处。

（3）剧本的语言要表现人物性格

剧本的语言包括台词和舞台说明两个方面。

剧本的语言主要是台词。台词，就是剧中人物所说的话，包括对话、独白、旁白。独白是剧中人物独自抒发个人情感和愿望时说的话；旁白是剧中某个角色背着台上其他剧中角色从旁侧对观众说的话。剧本主要是通过台词推动情节发展，表现人物性格。因此，台词语言要求能充分地表现人物的性格、身份和思想感情，要通俗自然、简练明确，要口语化，要适合舞台表演。

舞台说明，又叫"舞台提示"，是剧本语言不可缺少的一部分，是剧本里的一些说明性文字。舞台说明包括剧中人物表、剧情发生的时间、地点、服装、道具、布景，以及人物的表情、动作、上下场等。这些说明对刻画人物性格和推动、展开戏剧情节发展有一定的作用。这部分语言要求写得简练、扼要、明确。这部分内容一般出现在每一幕（场）的开端、结尾和对话中间，一般用括号、方括号或圆括号括起来。

懂得了剧本以上几个特点和要求，再参考学过的剧本课文，就可以试着学编课本剧了。

将剧本改写为故事

剧本与故事的共同点是，都有人物、环境，都不乏生动地描写和细致地刻画。所不同的是，故事不受舞台时间、空间的限制。因此，将剧本改写为故事，可以放开手去写，时间、空间不必那么集中。整个故事可根据剧本中矛盾冲突的发展变化过程，构成故事的开端、发展、高潮、结局的情节结构。在故事中可以加强人物的心理描写、行动描写，使人物性格更为突出，形象更为鲜明，思想感情更为丰富。同时，可将剧本舞台说明中的布景说明改为环境描写，为故事情节发展和人物活动提供更为广阔的天地。

总之，不论将叙事诗文改编为剧本，还是将剧本改写为故事，都要注意不同文体的表现形式和特点，努力做到正确理解原作，使改编后的文学形式更充分、更准确地表达原作的主题和主要内容。

3. 情 景 剧

概述

情景剧最先来自美国，把复杂的事一句话说了，创造什么样的情景。情景剧首先是喜剧，这是第一，不是喜剧，也不是情景剧。第二，情景剧必须是室内戏，一般不用外景。情景剧创造什么情景呢？像卓别林，早期一个人、几个人，在一个小戏园子里演，很多人坐那儿看，边看边笑，乐呵呵的情景这叫"情景剧"。舞台上演的，下边人笑怎么办，可以把笑声作为后期添上去，观摩笑声，这是情景剧。后来，全国各地的电视台都做这个所谓的情景剧，但是都没有做像，不标准，电视手段、片头、外景，什么都用上了，它就不是正宗的情景剧了。

"情景剧"本来就是一个舶来品，《我爱我家》则是情景剧在中国最初的实践，也是迄今为止最成功的实践。《我爱我家》开风气之先，也确定了日后情景剧的一些规范。

无"喜"不成剧

情景剧一定有喜剧的成分，所以在中国都是叫"情景喜剧"，这样也才好把罐装笑声加到编剧认为可笑的地方。事实上，很多时候，预设的笑声并没有刺激观众的笑神经。尽管如此，情景剧依然应该是喜剧，要不然在那么短的时间——通常是25分钟左右，相当于普通电视剧一半的长度；如此单调的舞台呈现——室内的，简单的镜头切换，无法靠情节和画面吸引观众。

接下来的问题就该是怎么做喜剧了，从《我爱我家》带有很强梁左色彩的幽默方式，到后来很多情景剧相声式的语言噱头，再到后来《武林外传》网络语言的搞笑，情景喜剧一路走来，其发展最后让编创者渐渐发现，要逗乐观众已经不是那么容易了。

相对独立的结构

每一集的情景剧通常有一个封闭的、相对独立的结构，即使是再复杂的故事，最多也就在两三集中完成，这个特点影响到情景喜剧的创作模式。看现在的情景喜剧拍完 100 集再拍 100 集，已经有人拍到 500 集左右了，反正集与集之间都是独立的，理论上说可以无限制地继续下去。这个特点也让情景剧的编创更适合流水线式的操作，如果观众发现情景剧中有情节穿帮的地方，那一定是剧本统筹的工作没有做好，因为如此浩大的工程，不可能让一个人完成，而集体创作的事情，向来很难保持风格的统一。

知名演员客串拉动收视

知名演员客串是个多赢的结果。制片方可以凭借知名演员的人气拉动收视，所以看热播的情景喜剧就知道哪个演员风头正盛；知名演员也可以用很少的时间获得最大的价值；观众也可以乐得一看。

《我爱我家》形成情景喜剧的高峰，而这个高峰 20 多年也没有后来人能够超越，包括英导演本人。虽然后来的情景喜剧创作者做过不懈努力，比如讲一些特殊领域的故事，做成古装戏，但情景喜剧遭遇创作瓶颈已经是一个不争的事实。

于是有人想到了栏目剧。最早的栏目剧是重庆卫视一档名为《雾都夜话》的节目，内容涉及一些本地的真人真事，主要是社会新闻。《雾都夜话》过后，忽如一夜春风来，栏目剧遍地开。

与情景剧相比，栏目剧最大的优势就是成本低。故事是现成的，不用知名演员，不用集中场地拍摄，后期制作完全可以按照电视节目的模式，只要达到播出标准就行。

但从目前已经渐渐形成规模的栏目剧来说，有这么几个问题需要考虑。第一，栏目剧同样需要笑料，但单纯的插科打诨，无视观众智商的搞笑方式日益遭受冷落。第二，根植于地域文化的栏目剧能否在全国范围内获得更大范围的认同。最早的《雾都夜话》就是坚持用重庆方言，说的都是观众身边的事情。第三，在控制成本的同时限制了栏目剧的影响力，如果没有更有效的宣传方法，栏目剧同样会淹没在电视剧的海洋中。如今观众的注意力才是稀缺资源，频道已经太多了，栏目也已经太多了，何况还有那么多不惜成本的电影和电视剧抢夺市场，小制作的栏目剧实在没有马上吸引观众的充足理由。

情景剧的特点

（1）喜剧性

情景剧的发展，源于美国肥皂剧，以打发时间为主。自从此形式的电视形式出现，就一直走着相同的路。情景剧的喜剧性主要体现在情景对话上，主要以幽默的语言方式打动人，因为其场地及制作经费限制，所以只有从情节和语言上出彩，这就要求演员具有很强的表达能力。

（2）贴近性

情景剧的话题，一定是与大众的生活相关的，也是大众关心和关注的，与其说在演戏，不如说在演绎百姓自己的生活。

（3）地域性

情景剧以语言体现其个性，传播的是小众文化。如《成长的烦恼》，观影者必须理解一定的美国文化，懂得美式幽默，否则是看不懂的。如果把《我家我爱》拿到美国去，美国的观众也不能理解笑声什么时候突然冒出来。具有京味的情景剧，就有浓郁的北京口音和一些专属北京的乐趣，所以在创作情景剧的时候，一定要立足本土，语言表达、话题表达等，这也反衬了贴近性。

4. 歌　　剧

歌剧是将音乐（声乐与器乐）、戏剧（剧本与表演）、文学（诗歌）、舞蹈（民间舞与芭蕾舞）、舞台美术等融为一体的综合性艺术，通常由咏叹调、宣叙调、重唱、合唱、序曲、间奏曲、舞蹈场面等组成（有时也用说白和朗诵）。早在古希腊的戏剧中，就有合唱队的伴唱，有些朗诵甚至也以歌唱的形式出现；中世纪以宗教故事为题材，宣扬宗教观点的神迹剧等也香火缭绕，持续不断。但真正称得上"音乐的戏剧"的近代西洋歌剧，却是 16 世纪末 17 世纪初，随着文艺复兴时期音乐文化的世俗化而应运产生的。

歌剧是以歌唱为主，综合诗歌、音乐、舞蹈等艺术的戏剧。歌剧《江姐》《洪湖赤卫队》，深受广大人民的喜爱。

近代西洋歌剧产生于 16 世纪末的意大利，后逐渐流行于欧洲各地。中国宋元以来的戏曲，也属于歌剧性质。

歌剧的起源

（1）歌剧的起源最早可追溯到古希腊时期的悲剧，这种艺术形式是歌剧艺术产生的根源。

（2）中世纪时期的一些音乐形式也为歌剧的产生奠定了基础。首先是 10 世纪末的宗教剧，后来宗教剧被神秘剧和奇迹剧取代，盛行于 14 ～ 16 世纪；其次是田园剧，这种体裁用音乐、诗歌、戏剧的手段表现乡村生活的场景，它一直盛行到 16 世纪，成为歌剧的重要起源之一。

（3）文艺复兴时期的牧歌剧也预示着歌剧的诞生。作曲家用牧歌这一体裁形式来谱写诗歌中一些戏剧性场面，或用一组牧歌来描写一些简单的故事情节，后一种形式被称为"牧歌剧"。

（4）歌剧最直接的起源是 *15* 世纪末的幕间剧。这是穿插在当时喜剧各幕间的一些寓言剧、神话剧或田园剧，到 *16* 世纪，各幕之间的幕间剧在情节上组成了一个相关联的故事，并且加入了装饰性的旋律和简单的和声伴奏。

（5）歌剧于 *16* 世纪末最终产生于意大利的佛罗伦萨。当时，一群文化艺术界的名人经常在贵族巴尔第和柯尔西家聚会，他们热衷于恢复古希腊的戏剧，力图创造出一种诗歌与音乐相结合的生动艺术。他们认为复调艺术破坏歌词意义的表达，主张采用单声部旋律，并且在实践中发现：在和声伴奏下自由吟唱的音调不但可以用在同一首诗歌中，还可以用于整部戏剧中。随后就产生了最早的歌剧，当时被称为"田园剧"。

意大利早期歌剧的发展及特征

佛罗伦萨歌剧

（1）第一部歌剧：*1597* 年上演，由利努契尼写剧本、佩里作曲的《达芙妮》。由于该作品的乐谱只剩下残片，所以人们通常又把 *1600* 年上演，保留完整的，由利努契尼写脚本，佩里和卡契尼作曲的《优丽狄茜》作为最早的一部歌剧。

（2）早期歌剧的特征：脚本以希腊神话为基础，后来又加入历史题材。音乐部分采用通奏低音形式，歌唱部分主要为吟唱的宣叙调形式，音域不宽，节奏自由，有少量的乐器伴奏，也使用合唱。

罗马歌剧

（1）代表人物及作品：罗马作曲家卡瓦莱里创作的《灵与肉的体现》于 *1600* 年 *2* 月上演，该剧为罗马歌剧奠定了基础。《灵与肉的体现》

实际上被史学界视为"清唱剧"，具有歌剧的雏形，内容涉及宗教道德方面。

（2）特征：注重歌剧场面的壮观给人带来的愉悦，加入了华丽的舞台设计、机关布景和芭蕾场面，每幕都以合唱和舞蹈结束。

威尼斯歌剧

（1）第一个歌剧院的建立：1637年，在威尼斯建立的第一个歌剧院——圣卡西亚诺，使歌剧从贵族沙龙和宫廷走向市民阶层。

（2）代表人物及作品：1607年，威尼斯歌剧作家蒙特威尔第完成了歌剧《奥菲欧》的创作，歌剧题材与利努契尼的《优丽狄茜》相似。在剧中，蒙特威尔第凭借他在牧歌和宗教音乐创作方面的丰富经验，结合运用16世纪的音乐宝库中的各种手段，使《奥菲欧》成为歌剧史上第一部真正意义上的歌剧。

（3）特点：在歌剧中大量运用咏叹调和二重唱，注重情感抒发，对美声唱法加以重视，很少用合唱形式，弦乐器家族首次占有重要地位，由此加强了音乐的表现力。

那不勒斯歌剧

（1）朝正歌剧方向发展：那不勒斯是意大利歌剧发展的最后一个城市，始于17世纪末，至18世纪定型为正歌剧，这种歌剧的影响力一直延伸到了19世纪。它常以虚构的历史或英雄事迹为题材，而且由于对美声地追求，使那些既具有男性的强有力肺活量又带有女性柔美明亮音色的"阉人"歌手盛行起来。

（2）代表人物及作品：那不勒斯乐派代表人物斯卡拉蒂在声乐抒情调的基础上创作自由发展的咏叹调，给予美声演唱以广阔施展的天地。代表作为《泰奥多拉》。

（3）特点（也是正歌剧的特点）。

①在内容上：多取材于古代神话和历史传说，内容严肃，与喜

剧相对。

②在结构形式上：由原先的五幕歌剧变为紧凑的三幕结构，常在幕与幕之间穿插喜剧性的幕间剧（在舞台口表演）。由极具个性的序曲（快—慢—快的三段形式）开场，宣叙调和返始咏叹调交替进行，极少使用重唱和合唱，也不用舞蹈。

③两种不同的宣叙调：一种是干念式的宣叙调，用于较长的对白或独白，独唱声部只用通奏低音伴奏；另一种是带伴奏的宣叙调，它善于表达复杂的情感，同时在戏剧性的紧张场景中使用，独唱由乐队伴奏。

④返始咏叹调：这种咏叹调是 ABA 三段体形式，作曲家通常不再把再现的 A 段写出，而只在 B 段的结尾处标记 da capo，意为"从头反复"，故作"返始"之意，并在结尾处标记 Fine（意为"结束"）。

歌剧唱腔

（1）声音分类

歌手所扮演的角色依照他们各自不同的音域、敏捷度、力量和音色来分类。男性歌手由音域低至高分为：男低音、男中低音、男中音、男高音、假声男高音。女性歌手由音域低至高分为：女低音、次女高音及女高音。女高音也可细分为花腔女高音和抒情女高音等不同种类。基本上男声的音域皆低于所有女声，但某些假声男高音能唱到女低音的音域。而假声男高音唱多见于古代谱写的由阉伶所唱的角色。

在以音域分类后，往往还会加上一些关于唱腔的形容词，如抒情女高音、戏剧女高音、庄严女高音、花腔女高音、轻俏女高音。这类术语，虽然不能全面形容声音，但往往能把不同的声音归类，放入不同的角色当中去。某些歌手的声音会突然发生剧烈地变化，或者在而立之年甚至人到中年，声音才到成熟的辉煌状态。

（2）声音分类的利用

女高音向来是大部分歌剧的女主角的不二人选。然而在古典主义音乐时期以前，往往对女高音的首要要求是声音控制的技术，而非今日要求的广阔的音域，而当时要求女高音的最高音往往不超过高音A。而女中音一词，则是一个比较新近的概念，但也有不少角色可以担当，如珀赛尔笔下的带朵和华格纳、《特里斯坦与伊索尔德》中的布兰甘特。女低音可唱的角色，往往比较少，行家往往开玩笑说，女低音只可唱"巫婆、泼妇、（穿）长裤（的角色）"。而近年，不少原来由女低音或阉伶所唱的角色，皆成假音男高音的囊中物。

而男高音，则自古典音乐时期至今，都是歌剧中的男主角。很多最具挑战性的男高音角色，都是出自美声歌剧时期，如多尼采蒂在《联队之花》中写给男主角的9个连续的高音C。而华格纳则要求他的男高音主角比一般男高音的分量更重，甚至要人们发明新字"英雄男高音"来形容这类角色；和华格纳要求的分量相当的义式歌剧角色也有，如普契尼《图兰多》中的卡拉富。男低音的历史也是源远流长，在正歌剧时代便作为配角，往往是娱乐观众的滑稽角色。男低音可演的角色也不少，如莫扎特《唐·乔望尼》中的利波雷洛和华格纳《尼伯龙根的指环》中的沃坦王。介乎男高音和男低音中间，便是男中音，一个直至19世纪中叶才出现的概念，著名角色如莫扎特《女人皆如此》的古烈摩和《唐·卡洛》中的罗迪戈。

声乐

歌剧中的声乐部分包括独唱、重唱与合唱，歌词就是剧中人物的台词（根据样式不同，也可有说白）；器乐部分通常在全剧开幕时有序曲或前奏曲，早期歌剧还间有献词性质的序幕（包括声乐在内）。在每一幕中，器乐除作为歌唱的伴奏外，还起连接的作用。幕与幕之间常用间奏曲连接或每幕有自己的前奏曲。在戏剧进展中，还可以插入舞蹈。歌剧的音乐结构可以由相对独立的音乐片断连接而成，也可以是连续不断发展的统一结构。

歌剧中重要的声乐样式有朗诵调、咏叹调、小咏叹调、宣叙调、重唱、合唱等；其体裁样式有正歌剧、喜歌剧、大歌剧、小歌剧、轻歌剧、音乐喜剧、室内歌剧、配乐剧等。

（1）咏叹调

咏叹调是歌剧中主角抒发情感的主要唱段，它们的音乐很好听，结构较完整，能表现歌唱家的声乐技巧。因而，我们经常也会在音乐会上听到它们，如《蝴蝶夫人》的咏叹调"晴朗的一天"、《茶花女》的咏叹调"为什么我的心这么激动"和罗西娜的咏叹调"我的心里有一个声音"等。

（2）宣叙调

宣叙调是开展剧情的段落，故事往往就在宣叙调里进行，这时角色有较多对话，这种段落不适宜歌唱性太强，就用了半说半唱的方式，叫作"宣叙调"，它很像京剧里的韵白。京剧中，青衣、小生或老生都有一种带有夸张语音音调的念白，它虽不是很旋律化，但可使道白便于与前后的歌唱衔接，其功能与西方歌剧里的宣叙调很近似。欧洲歌剧早期的宣叙调非常不歌唱化，叫作"干宣叙调"，往往是用古钢琴弹奏一个和弦给一个调，歌者就在这个调里用许多同音反复的道白来叙述，这种同音反复译成中文非常难听，因为中国语言是有四声的抑扬顿挫的，我们中国人不能用平平的音调唱：你今天吃饭了没有？听起来肯定好笑。所以我们在遇到这种"干宣叙调"时，干脆就拿掉了说唱，改成对白了。但到19世纪，随着歌剧宣叙调的逐渐旋律化，如我们在演唱《茶花女》和《卡门》等歌剧时，就把宣叙调也译配成中文了，有一点旋律性，就可以随着旋律的高低，找到四声合适的中文。

（3）重唱

重唱就是几个不同的角色按照角色各自特定的情绪和戏剧情节同时歌唱，两个人同时唱的，叫二重唱，有时会把持赞成和反对意见的角色，组织在一个作品里，就可能是三重唱、四重唱、五重唱，在罗西尼的《塞维尼亚理发师》里有六重唱，在莫扎特的《费加罗的婚礼》里甚至有七重唱，十几个人一起唱，有时还分组，一组三五个人，各有自己的主张，有同情费加罗的，有同情伯爵的，还有看笑话的，作曲家卓越的功力就表现在能把那么多不同的戏剧音乐形象同时组织在一个音响协调、富有表情的音乐段落里面，这就与我们的戏曲很不相同了。

（4）合唱

合唱可以根据剧情要求是男声的、女声的、男女混声的或者童声的。

歌剧中歌词的翻译

歌剧有故事情节，歌唱有歌词，它的歌词与音乐和戏剧发展有着密不可分的关系。因而在中国介绍西方歌剧，是用翻译的方式好呢，还是唱原文保持它的"原汁原味"呢？历来就有不同主张。建国后，中国的歌剧工作者在介绍西洋歌剧时，在翻译方面做了很大的努力，这里，有一个重要的问题，就是文学语言不仅要翻译得好，在配到音乐里时，还要符合音乐的规律，听众才会觉得舒服，才能让人接受，这是一门学问，是一个非常艰巨的工作，必须要有音乐修养很高的翻译家，或者翻译家和音乐家的合作才能做好。笔者个人的观点是：既然观众是来剧院看戏，人们就要求能看得懂。在中国介绍西方歌剧，就最好翻译成中文，才能让人们较为便捷地随时懂得剧情和歌剧音乐的戏剧性，欣赏到亦歌亦演的表演，它至少可以让我们中国听众觉得我们的音乐工作者是很希望他们懂得西方歌剧的魅力的。而这几年的社会时尚是用原文加中文字幕的演唱，它虽然可以表现我们的演员演唱原文的水平，而且有可能被外国的经纪人看中，争取到被邀请到国外演出的机会，但据笔者了解，对听众来讲，对西洋歌剧的接受程度就更远了，观众面更狭窄了，大家会觉得算了，反正你们也不希望我们听懂，何况一些演员的原文水平也不高，其实谁也听不懂，这样对推动西洋歌剧在中国的传播并不有利。

作曲家及作品

世界上第一座歌剧院——圣卡西亚诺剧院于 1637 年在威尼斯揭幕，向一般观众开放，从而结束了歌剧由皇室和贵族垄断的时代，大大推动了歌剧的发展。蒙特威尔第的学生卡发利是这一时代最著名的歌剧作曲家，他从 1639—1669 年为威尼斯这座歌剧院创作了共约 40 部歌剧，其中最有名的为《伊阿宋》。与卡发利同时的意大利歌剧作家蔡斯悌，也写有歌剧多部，其著名之作为《金苹果》。17 世纪中期后，威尼斯歌剧体裁开始衰退，虽然这时仍出现了几个有才华的作曲家，如常被人称为"喜歌剧之父"的加卢皮。

意大利的其他城市，如罗马，很快发展起其本地风格的歌剧。罗马的歌剧与威尼斯不同，它不太强调舞台的富丽堂皇，而喜用风趣的插曲来减轻全剧的悲剧气氛，注重乐器的序曲和序曲式幕间乐章。罗马也有不少有名的歌剧作家，如创作了第一部完整喜歌剧《受难者即希望所在者》的马佐契和马拉佐利。

18 世纪，意大利歌剧中心移至那不勒斯，各种歌剧体裁相继出现，从而影响了意大利及许多外国歌剧活动中心。其重点是使音乐服从歌词，使人听懂。歌词作者泽诺和梅塔斯塔齐奥为此做出了贡献。歌剧的咏叹调，特别是三段体咏叹调，占主导地位。那不勒斯歌剧和声纯朴，更为旋律化和轻快，并带有洛可可风格壮丽的音调。代表作家有史卡拉第、波尔波拉、文奇和莱奥。

1720 年，威尼斯人马尔切罗写了《时兴的戏剧》，又名《创作和演出意大利歌剧万无一失的方法》，讽刺正歌剧中日益增长的、使戏剧性淡薄的陈规陋习，从而引起了歌剧改革的试验，但收效甚微。

17 世纪发展出了形式独立的讽刺性喜歌剧。开始时，它往往穿插在正歌剧的幕间。在成熟过程中，它又恢复了一些正歌剧感情严肃的特色，进而使许多喜歌剧带有混合性质。《塞尔维亚的理发师》《费加罗的婚礼》和《秘密结婚》等是此时期的代表作。

第一部法国歌剧《波蒙纳》于 1671 年在皇家音乐学院（今巴黎歌剧院）揭幕式上首演。但歌剧到卢利生活的时代才成为真正的法国艺术。意大利人卢利前往巴黎，借用法国话剧与芭蕾舞的特色，创作法国式歌剧。他不喜欢意大利式的咏叹调，主张改用短而活泼的歌曲。他按照法兰西喜剧团的朗诵方式改革了宣叙调，并发展起了法国式的序曲。卢利的风格在拉摩的歌剧里达到顶峰，其主要作品有《希波利德和阿利茜》等。

1627 年，歌剧传入德国和奥地利后，产生了"民谣歌剧"，涌现了一批歌剧作家，如莫扎特、韩德尔、贝多芬等，主要作品有《魔笛》《奥兰多》《费加罗的婚礼》《唐·璜》《费德里奥》《月球上的世界》等。1769 年，卡尔札比吉和葛路克发表关于歌剧革新的重要文献：歌剧《阿尔西斯特》的前言献词。他们认为多余而花俏的三段体咏叹调应予以废除，代之以朴素的表达和真实的感情。音乐的职责是"为诗服务"。葛路克的代表作有《伊菲姬尼在奥利德》和《伊菲姬尼在图利德》等，他的改革主张曾产生重大影响。

歌剧传入英国后，经过很长时间才在英国扎根。英国的第一部歌剧是普赛尔的《狄多和伊尼阿斯》，它打破了宣叙调和歌曲之间的界限。《乞丐歌剧》的上演，使英国观众终于习惯于听一种用本国语演唱的舞台剧。

18世纪末至19世纪初，法国的喜歌剧得到了很大发展。1752年，卢梭的独幕喜歌剧《乡村卜者》上演，他用混合曲的方式写成总谱，把反映十分通俗的浪漫爱情和歌舞杂耍表演的曲调组合在一起，很有法国风格。尔后，这种新的杂烩式喜歌剧便统治了巴黎和其他地区的歌剧舞台。著名剧作家有蒙西尼、格雷特里、梅于尔和布瓦埃尔迪厄。法国喜歌剧自布瓦埃尔迪厄后，变得更意大利化，反映出罗西尼的影响。在此时期，意大利歌剧一度衰落，后因迈尔、罗西尼、董尼才第和贝利尼等有才华的歌剧作曲家创作了一批有世界声誉的歌剧作品，如《塞尔维亚的理发师》《安娜·波莲》《海盗》《清教徒》等而重新受人喜爱。

"大歌剧"产生于19世纪的巴黎，这是一种具有国际风格的大型歌剧，采用历史的或虚构的历史故事为题材，舞台上充满了奇景艳服、芭蕾舞和各种跑龙套的方阵队列。它几乎摒弃了美声唱法的精巧细微，极大地扩充了乐团本身和它在戏剧中的作用。第一出公认的大歌剧是梅耶贝尔的《魔鬼罗伯特》。梅耶贝尔和阿勒威之后，大歌剧开始反映出新的音乐趋向，发展成多种多样的混合形式。这时期的法国歌剧作家还有白辽士和奥芬·巴赫，他们的主要作品有《天堂与地狱》《特洛伊人》《霍夫曼的故事》等。

德国浪漫主义的歌剧是《自由射手》等作品，它们是德国浪漫主义音乐的先导，这时期兴起的还有轻歌剧，约翰·施特劳斯的名作《蝙蝠》使之发展到巅峰。

19世纪后的著名歌剧作曲家有：意大利的威尔第、普契尼、布索尼等；德国和奥地利的瓦格纳、理查·施特劳斯、费慈纳、荀白克、贝尔格等；法国的古诺、比才、托马、马斯奈、德布西、拉威尔。

歌剧传入俄国后，最初多搬演外国作品，尔后才产生格林卡等一批优秀歌剧作曲家，如穆梭斯基、柴科夫斯基、史特拉文斯基和普罗高菲夫等。

至 20 世纪中叶，歌剧几乎变成一种博物馆艺术，多是重演旧作而极少出新作。歌剧的未来出路有些作家认为在于类似歌剧的、使观众感到惊奇和意外的舞台剧和其他混合的歌剧形式之中，其他人则认为在于为工厂和学校上演而创作的种种小型歌剧之中。

5. 话　　剧

简介

话剧指以对话为主的戏剧形式。话剧虽然可以使用少量音乐、歌唱等，但主要叙述手段为演员在台上无伴奏的对白或独白。话剧本是一门综合性艺术，剧作、导演、表演、舞美、灯光、评论缺一不可。中国传统戏剧均不属于话剧，一些西方传统戏剧如古希腊戏剧因为大量使用歌队，也不被认为是严格的话剧。现代西方舞台剧如不注为音乐剧、歌剧等的一般都是话剧。

话剧不可缺少的是接受这门艺术的对象——观众。当然在莎士比亚的年代，话剧的因素要少一些。话剧之所以在欧洲几百年经久不衰，一个很重要的原因是因为话剧培养了一代代的观众，而一代代观众对思考和娱乐这两者有机地结合又促使了话剧的发展。

中国话剧的发展历史

中国话剧始于清光绪三十三年（*1907* 年）。清宣统二年（*1910* 年）传入辽宁。

1910 年，同盟会员刘艺舟（木铎）由关内来到辽阳，演出了新剧《哀江南》和《大陆春秋》。*1910* 年 *5* 月到奉天，与戏曲艺人丁香花、杜云卿等人联合，先后在鸣盛茶园演出抨击封建专制的新剧《国会血》，日本领事馆为此提出抗议，奉天市政当局屈于压力，下令禁演。*1912* 年，上海同盟会会员苗天雨、冯迪汉率团到辽阳市广德茶园（辽阳大观楼），演出话剧《波兰亡国惨》《民国魂》等。话剧传入辽宁之后，各地爱

好者纷纷组织话剧演出活动。1916年，大连的陈非我发起组织话剧社，并任社长，社员大多是该市商绅及报馆、学校各界文化人士，演出的剧目有趣味剧《醉鬼捉奸》，正剧《青楼侠妓》《湘江泪》《猛回头》《异母兄弟》等。1922年，抚顺青年会附设小学于抚顺西戏楼演出《恶姻缘》《逆伦案》等。

1925年，欧阳予倩到大连、沈阳等地给当地戏剧界和爱好新剧的青年演讲平民艺术，传播现代话剧。沈阳中共党员地下工作者张光奇（女）和女师同学被吸收参加"奉天青年会"组织的话剧团，演出话剧《秋瑾和徐锡麟的故事》《孔雀东南飞》《谁之罪》、《求婚》等。欧阳予倩还与张光奇同台演出《少奶奶的扇子》《回家之后》等。1925年2月，欧阳予倩应大连中华青年会邀请，讲演《中国戏剧改革之途径》。辽宁各地均组织业余话剧团体，演出十分活跃。1926年2月，大连正式成立爱美剧社，这是辽宁第一个较正规的话剧团体，社长马殿元、副社长王权祥、导演部主任吕馥棠。1927年5月，爱美剧社应中华基督教青年会之邀，为筹备平民教育基金，于基督教青年会大礼堂（今民主广场）演出，上演反映家庭和社会矛盾的悲剧《千秋遗恨》等话剧。1929年9月，车向忱组织"奉天学生平民服务团"，在奉天郊区大韩屯等地演出《改良医院》《盲》等话剧。

1931年"九·一八"事变后，日伪当局颁布《艺文指导纲要》，实行文化专制，辽宁地区刚刚兴起的群众话剧热潮，遭受严重打击。但有些民间话剧团体在中国共产党领导和影响下，继续顽强地活动着。1939年夏，金山龙、杨若朱、王宗仁等人创立沈阳业余话剧团，上演丁西林的旬幕话剧《无妻之累》。该团后与奉天话剧团合并，改名为国际剧团，由李乔、金山龙任编导，先后在南市国际剧场（今辽艺剧场）演出《屠户》《塞上烽火》《夜深沉》《生命线》等话剧。之后，庄河县女子国民高等学校演出《和睦家庭》和《家》，本溪徐殿林自编自演话剧《爱情三部曲》，鞍山进步作家阎力夫组织了众声话剧团，演出他创作的话剧《警惕》等。

这一时期，伪政权组建三大御用剧团"大同剧团"（长春）、"剧团哈尔滨"、"奉天协和剧团"，均隶属伪协和会。"奉天协和剧团"建于 1938 年 9 月，全团百余人，"负有完成协和会文化方面的重大使命"。主持人原笃（伪满州国剧团协和会委员长）、瑞山进、安田均系日本人。这年 11 月举行小公演，剧目为《除夜歌声》。1939 年 6 月，举行首次大公演，剧目为《东宫大佐》《在牧场》；同年 12 月，举行巡同大专演，剧目为《从军伍》《血轨》等。这些剧目都是为日本侵略者歌功颂德的。截至 1941 年，该团共创作演出了 20 多个剧目。从 1941～1943 年，该团在东北各大城市演出《雷雨》《萌芽》《欲魔》等。1942 年，在奉天演出苏联名剧《怒吼吧，中国》，内容是揭露英美侵略中国的罪恶历史。该剧激起了广大观众对侵华日军的无比仇恨，群众争相观看，上座空前。这使日伪统治者大为惊恐，立即勒令停演。此外，日伪还在辽宁各大城市组织剧团，为日本侵略者服务，如协和剧团（大连）、协和馆剧团（安东，今丹东）等。这些剧团在"八·一五"东北光复后相继解体。

解放战争初期，中国共产党抽调了大批革命文艺工作者来东北，在辽宁地区组建一些文工团。这些文艺工作团每到一处，都边演出文艺节目，边做群众工作，并帮助各地积极建立文工团队。编演了大批话报剧、小话剧等，为东北、为辽宁地区新话剧的发展奠定了坚实的基础。同时，沈阳、大连、安东（今丹东）等地还组成了一些民间话剧团体，他们是自筹资金、自愿结合的民间私营职业剧团，如大连的东艺剧团、光复剧团、中华青年剧团、辽东剧团、大连剧团、中苏友好剧团等，演出了话剧《夜未央》《血债》《秋海棠》《气壮山河》等。与此同时，国民党军队所属的"政工队"及一些国民党操作的话剧团，曾一度把持辽宁各地特别是各大城市的话剧舞台。他们在沈阳、大连、安东（今丹东）等地演出一些反动话剧，如《天字第一号》《野玫瑰》等，也演出过《雷雨》、《日出》。

中华人民共和国成立之后，全省各市均成立了话剧院、团。几十年来，话剧发展较快，培养出一批省内外较有声誉的演员队伍。

一种以对白和动作为主要表现手段的戏剧，最早出现在辛亥革命前夕，当时称作"新剧"或"文明戏"。新剧于辛亥革命后逐渐衰落。"五四"运动以后，欧洲戏剧传入中国，中国现代话剧兴起，当时称"爱美剧"和"白话剧"，1928 年，洪深提议定名为话剧。它通过人物性格反映社会生活。话剧中的对话是经过提炼加工的口语，必须具有个性化，自然、精练、生动、优美，富有表现力，通俗易懂，能为群众所接受。郭沫若的《屈原》、老舍的《茶馆》曹禺的《雷雨》等，都是我国著名的话剧。

特点

话剧艺术具有如下几个基本特点。

第一，舞台性。古今中外的话剧演出都是借助于舞台完成的，舞台有各种样式，目的有二：一利演员表演剧情，一利观众从各个角度欣赏。

第二，直观性。话剧首先是以演员的姿态、动作、对话、独白等表演，直接作用于观众的视觉和听觉。并用化妆、服饰等手段进行人物造型，使观众能直接观赏到剧中人物形象的外貌特征。

第三，综合性。话剧是一种综合性的艺术，其特点是与在舞台塑造具体艺术形象、向观众直接展现社会生活情景的需要相适应的。

第四，对话性。话剧区别于其他剧种的特点是通过大量的舞台对话展现剧情、塑造人物和表达主题的。其中有人物独白，有观众对话，在特定的时空内完成戏剧内容。

经典剧目

话剧的经典剧目主要有《黑奴吁天录》（作者：曾孝谷、李叔同）、《名优之死》（作者：田汉）、《年关斗争》（方志敏主持创作）、《终身大事》（作者：胡适）、《一只马蜂》（作者：丁西林）、《获虎之夜》（作者：田汉）、《五奎桥》（作者：洪深）、《雷雨》（作者：曹禺）、《这不过是春天》（作者：李健吾）、《日出》（作者：曹禺）、《原野》（作者：曹禺）、《上海屋檐下》（作者：夏衍）、《夜上海》（作者：于伶）、《屏风后》（作者：欧阳予倩）、《放下你的鞭子》（作者：陈鲤庭）、《北京人》（作者：曹禺）、《屈原》（作者：郭沫若）、《法西斯细菌》（作者：夏衍）、《梁上君子》（作者：佐临）、《抓壮丁》（作者：陈戈、丁洪、戴碧湘等集体创作）、《风雪夜归人》（作者：吴祖光）、《升官图》（作者：陈白尘）、《桃花扇》（作者：欧阳予倩）、《龙须沟》（作者：老舍）、《马兰花》（作者：任德耀）、《关汉卿》（作者：田汉）、《茶馆》（作者：老舍）、《蔡文姬》（作者：郭沫若）、《赫哲人的婚礼》（作者：乌·白辛）、《于无声处》（作者：宗福先）、《大风歌》（作者：陈白尘）、《陈毅市长》（作者：沙叶新）、《松赞干布》（作者：黄志龙执笔，次仁多吉、洛桑次仁）、《风雨故人来》（作者：白峰溪）、《一个死者对生者的访问》（作者：刘树纲）、《狗儿爷涅槃》（作者：刘锦云）、《北京往北是北大荒》（作者：杨宝琛）、《天下第一楼》（作者：何冀平）、《红蜻蜓》（作者：欧阳逸冰）、《李白》（作者：郭启宏）、《商鞅》（作者：姚远）、《北京大爷》（作者：中杰英）、《立秋》（作者：姚宝瑄、卫中）、《黄土谣》（作者：孟冰）、《有一种毒药》（作者：万方）、《暗恋桃花源》（作者：赖声川）、《恋爱的犀牛》（作者：廖一梅）《爱尔纳·突击》、（作者：兰小龙）等。

话剧与戏曲

中国话剧始于 *1907* 年，至今已走过百余年风雨历程。《雷雨》《茶馆》《蔡文姬》等经典名作影响了一代又一代戏剧人。以林兆华、徐晓钟为代表的话剧导演在继承焦菊隐"话剧民族化"思想精髓的基础上，将戏曲美学融入话剧创作，实现了百年话剧与传统戏曲的诗化"联姻"。

"凡音之起，由人心生也，人心之动，物使之然也，感于物而动，故形于声"。中国戏曲宛若一位待字香闺的古典佳人，伴着唐风宋韵的高叹低吟，沿着南戏、元杂剧的历史轨迹一路莲步轻移而来。正是传统文化的烛照濡染，使戏曲"离形取意"，不求形似而求神似。虚拟的表演如水墨丹青的纵横之笔，长歌当哭、长袖善舞，"无画处皆成妙境"；写意的舞台简约空灵，无花木却见春色，无波涛可观江河；唱念做打中"汇千古忠孝节义、成一时离合悲欢"，处处体现着戏曲自身诗的艺术表现和诗的抒情美。如京剧《秋江》"行船"一场，老艄翁摇桨渡陈妙常追赶赴考远行的潘必正，舞台上既没有水也没有船，全凭演员的形体动作表现颠簸摇荡的情景，时而急流险滩、时而风平浪静，表现出神入化，惟妙惟肖。

与传统戏曲不同，根植于欧洲文化土壤上的话剧无论是透视社会人生的角度，还是具体的舞台场景，都呈现出鲜明的写实主义风格。同样表现行船，斯坦尼斯拉夫斯基导演的名剧《奥赛罗》对威尼斯小船的处理可谓极尽逼真之能事：*12* 个人推动巨大的船身，以风扇吹动麻布口袋，模拟浪花的声音。写实的话剧虽然能让观众产生"走进故事"的心理反应，但过度的堆砌使有限的舞台空间缺少了灵动飘逸之美，话剧导演逐渐认识到，写实与写意不应是泾渭分明的两极。

从西方绅士到谦谦君子，话剧以兼容并蓄的胸怀从传统戏曲中吸取养分。焦菊隐说："以话剧之形，传戏曲之神。"话剧向戏曲借鉴不仅是模仿其外在的形式，更重要的是"化"其内在神韵。《茶馆》中舞台调度的曲线美、念白抑扬顿挫的韵律美及人物身姿台步的造型美，都是戏曲手法的集中体现。此外，徐晓钟导演在《桑树坪纪事》中以歌队、舞队的表演展现劳作情景，增强了戏剧的写意性；话剧《万家灯火》"停电"一场巧妙运用京剧"夜深沉"的曲牌烘托气氛；林兆华导演在《白鹿原》中以陕西秦腔为背景音乐贯穿始终，实现了地方戏与话剧的完美融合。

戏曲理论家马少波说："实而不虚，必浊；虚而不实，必浮。"相信话剧与戏曲的虚实互补、诗化"联姻"必将为百年话剧撑起一片朗朗晴天。

6. 戏曲表演

戏曲程式化、戏剧化的歌舞表演，综合运用唱、念、做、打多种表现手段以创造舞台形象的艺术。戏曲的艺术语言多种多样。

程式性中国戏曲的表演程式是运用歌舞手段表现生活的一种表演技术格式。唱、念、做、打和音乐伴奏均有程式，是戏曲表演的主要特点。这一特点制约着戏曲形象塑造的一切方面，也贯穿于舞台演出的结构体制。生活的自然形态和任何一种表演因素，如果不转化为程式，就不能统一于戏曲的舞台演出风格。就这个意义而言，程式是戏曲创造舞台形象的特殊艺术语汇，没有程式，就没有戏曲的表演艺术。然而戏曲表演的程式，是从各种表现简单的故事情节到表现复杂的生活现象，并且加以规范化的结果，这个复杂的艺术加工过程，主要贯穿于歌舞化、戏剧化、节奏化。在戏曲的各种表现手段中，唱、念、做、打，唱是首位，包括韵白，形成音乐美。但中国戏曲与西方国家的歌剧不同，不仅语言音乐化，形体动作也必须高度舞蹈化，于是产生了种种富有舞蹈美和塑形美的身段、工架和武打，使听觉形象音乐化，视觉形象舞蹈化，歌舞结合，唱白和谐，视听同感，歌与舞的程式，如果没有严格的规范，就不能使之统一完整。而这些歌舞进入戏曲后，又必须产生一个质的飞跃，即戏剧性。戏曲表演程式还必须节奏化，节奏是使唱、念、做、打诸般艺术手段多样统一的共同要素，戏曲舞台上的一切节奏都要依靠戏曲音乐。表演程式又不是一成不变的，可以创新，但必须合乎规范，所谓"戏不离技，技不压戏"，戏与技的完美结合，应是戏曲表演的最高审美要求。

虚拟性戏曲反映生活，要求在舞台有限的空间和一次演出的有限时间内表现戏里的生活图景，必然会产生反映生活场景的无限空间和舞台的有限空间、戏剧情节延续的无限时间和实际演出的有限时间这两对矛盾。中国戏曲在解决这些矛盾时，有它自己的独特做法，即公开表现舞台的假定性，承认戏就是戏，不是生活原型，对舞台的时空处理采用分场的结构体制和虚拟的表现手法，在一个没有什么装置的舞台上创造出独特的意境，对生活做出广泛的形象概括。对舞台空间观念的超脱表现为两个方面，一是舞台环境的确定以人物的活动为依归，二是在同一场中，通过演员的虚拟动作，可以从一个环境迅速转换为另一个环境，"人行千里路，马过万重山"，只要一个圆场、一场趟马，就可以表现。戏曲舞台时间观念的超脱，则完全由情节需要来决定。戏曲的这种独特处理，就是一种既流动灵活，又相对固定，既连续不断，又相对间隔的分场结构体制，而且虚拟性渗透到各个环节。戏曲主要不是依靠灯光布景等技术和制造舞台生活的幻觉来吸引观众，而是靠表演来抓住观众，靠演员的表演和观众的想象来共同创造舞台的生活场景。

超脱的舞台时空观念是戏曲分场体制的前提，虚拟手法则是体现分场体制的手段。虚拟手法的作用不仅仅在于使时空变化的流动灵活，更重要的是要表现在特定环境中活动着的人。虚拟性表现手法充分利用了舞台的假定性，但又与舞台特有的真实感密切联系在一起。

美学要求把剧中人物的内心活动、精神气质、音容笑貌等转化为鲜明的舞台形象，是戏曲表演在形象创造上的根本要求。这就要求演员能够精确、鲜明地刻画出人物的外形和神韵，以形传神，形神兼备，而且还要寄托着创作者对人物的性格和品德的评价，善恶美丑，爱憎分明，或褒或贬，丝毫不爽。戏曲的"高台教化"作用，正体现于此。尤其是形式美，更值得重视，戏曲表演的美学要求，不仅贯穿于形象创造的全过程，而且凝聚在表演程式之中。

7. 戏 剧 小 品

戏剧小品是戏剧的一种，是 19 世纪 80 年代初在我国兴起的一种新的戏剧艺术形式。它以短小、形象、活泼、贴近生活、表演灵活的形式活跃在我国戏剧舞台上，深受广大观众的喜爱。

小品与戏剧小品不同，舞台上演出的小品实际上是戏剧小品，但都省事地称为小品，因此，有必要创建"戏剧小品"词条。

戏剧小品如今，随着时代的变化，它已成为大众文化的重要组成部分。不仅具有传统的舞台性、表演性，还具有现代的情趣性、大众性、灵活性等特点。为此，我们从以下两个方面探讨其现代走向。

戏剧小品的现代性发展

我国戏剧产生的历史可上溯到原始社会反映农牧业生产的歌舞。它历经春秋、战国的"俳优"，两汉的"百戏"，南北朝时期的"拔头""参军"，唐代的"参军戏"，宋代的话本，元代的杂剧。元杂剧的产生标志着我国戏曲开始走向辉煌。它是把歌曲、宾白、舞蹈、表演等有机结合起来的一种表现形式，为今天戏剧的内涵做了某些规定。在此基础上，人们进行话剧、歌剧、舞剧的尝试，把西方的话剧与东方的戏剧结合起来，从而产生对戏剧的现代认识，即戏剧是一种以表演为中心，融合了文学、美术、音乐、舞蹈等艺术因素的一门综合性艺术。戏剧小品则是由培训演员的"元素训练"片断发展而来的。苏联戏剧家斯坦尼斯拉夫斯基在《演员自我修养》中提到的"戏剧小品"也是培养演员心理素质和想象能力的训练手段。后来，其戏剧因素增强，社会意蕴扩大，形式技巧不断丰富，才成了今天所说的"戏剧小品"。

自 1984 年春节联欢晚会《吃面条》开始，我国戏剧小品迎来繁荣时期。接着《吃鸡》《卖羊肉串》《考演员》《超生游击队》《相亲》《芙蓉树下》等许多优秀小品走进人们的生活。如今《擦皮鞋》《如此包装》《过河》《红高粱模特队》《昨天·今天·明天》《卖拐》《卖车》《功夫》等戏剧小品已成为时代特征的标签，让人们俯仰皆叹。例如：这些小品中的语言："闲的膀子难受"；"逼着我动粗"；"其实都是萝卜白菜！"；"吃、喝都没了还臭美啥"；"说那些臭氧层子干啥，来时的火车票谁给报了？"；"脑袋大脖子粗，不是大款就是伙夫。"；"这里是防'忽悠'热线"；等等。可见，戏剧小品的发展与社会生活内容息息相关。戏剧小品的情趣性、大众性和灵活性就体现在这些语言的通俗化、形象化中。

戏剧小品的现代情趣性，使戏剧小品截取生活的一个片断、一个瞬间、一个场景、一个笑话，甚至是一个动作，从而以小见大，反映深刻内容。如上面提到的任意一个小品都是这样。《吃面条》揭示违规的多吃多占只能自食其果，生活常理就是生活真理；《超生游击队》再现了传统思想重男轻女的可悲生活，提醒人们不重视自身的生活质量是多么愚蠢；《相亲》《芙蓉树下》反映老年人渴望夕阳爱情的社会问题，赞美社会新风尚；《擦皮鞋》《如此包装》抓住社会新时尚，幽默地讽刺中告诫人们什么是真善美，什么是假恶丑；《过河》《红高粱模特队》《昨天·今天·明天》更是再现了当代新农民的爱情观、审美观及关心国家大事的新观念；《卖拐》《卖车》《功夫》这一系列小品则以魔幻式的语言，意味深长地揭出改革开放以来人性在精神领域的迷失。总之，这些小品短小精悍，内蕴深刻，以情感人、以趣乐人，给人以启迪。

戏剧小品的大众性和灵活性，使它表演的空间形式更贴近生活。

其对演出条件要求不苛刻，田间地头、街头社区、军营边寨等都是它的舞台。这种灵活的演出形式与生动、深刻的内容相结合，让人们既休闲娱乐，又痛快淋漓。其浓缩的时间性、浓缩的社会性，使戏剧小品成为大众快餐文化，而成为中国人过年的重要内容，从而使其具备了"大文化"的某些资质。正如著名历史学家钱穆所说："文化乃指人类生活多方面的一个综合体而言。"戏剧小品就是这"综合体"的一部分，而且是当代戏剧文学中不可忽视的一部分。

戏剧小品的现代形态及创作倾向

随着戏剧的发展，其形态各异。从内容、性质和美学范畴划分，可有悲剧、喜剧、正剧、滑稽剧等；从容量大小、结构繁简划分，可有多幕剧、独幕剧；从题材所反映的时代划分，可有历史剧和现代剧；从艺术表现形式划分，可有话剧、歌剧、舞剧、戏曲小品等。

我国的戏剧小品从表现手段上分，主要有戏曲小品、话剧小品、歌剧小品等。戏曲小品是以我国传统戏曲歌、舞、剧三位一体为特点的戏剧小品。如袁文良写的《保马谡》（《讽刺与幽默》2002年8月20日）。话剧小品是以对话为主，兼有动作的一种戏剧小品。这是目前最走红的戏剧小品样式。如赵本山等人表演的小品《拜年》《卖拐》等。歌剧小品是以歌唱为主，兼有对话和旁白。如潘长江表演的《过河》。从戏剧小品的艺术效果上分，我国的戏剧小品主要有喜剧小品、悲剧小品和悲喜剧小品。喜剧小品如《超生游击队》。悲喜剧小品如《芙蓉树下》。悲剧小品目前还不成熟，没有典型代表作品。从戏剧小品与其他艺术形式相结合上分，我国的戏剧小品主要有哑剧小品、相声小品、电视小品、儿童小品、木偶剧小品等。哑剧小品如《吃鸡》。相声小品如冯巩、牛群表演的《点子公司》。电视小品如陈佩斯拍摄并表演的《师徒乐》。儿童小品如曾涛写的《妙诀》。木偶剧小品如黄锡钧写的《训猴》等。戏剧小品的创作就是在这些不同形态的实践中成熟起来的。

戏剧小品创作倾向

第一，抓生活热点，以小见大。

法国作家雨果说过："戏剧应该是一面聚集物像的镜子……把微光变成光彩，把光彩变成光明。"写作戏剧小品成功的关键就在于此。眼下，赵本山表演的小品《卖拐》《卖车》《功夫》，截取的就是生活中人们常有不自觉地受骗上当的小事，反映的却是多方面问题，例如：人的自我保护意识；人的自身素养；人的生存之道；人性中懒惰、自私、轻信的弱点；人的交际原则等问题。更深层次的内容则涉及政治、经济、文化、道德、宗教、哲学等问题，不一而足。

第二，巧设结构，出人意料。

戏剧小品的结构形式大体上有两种：开放式和闭锁式。

开放式结构就是让戏剧情节按时间顺序按部就班地展开，如赵本山和黄小娟表演的《相亲》；闭锁式结构就是只写高潮和结局部分，把事件最精彩的部分表现出来，即把"最富于孕育性的那一顷刻"表现出来。如黄宏和魏积安表演的《擦皮鞋》就是把一天中"早晨"这一重要时刻发生的事表现出来，从而出人意料地反映现代人的"两面生活"，即化了妆的"我"和卸了妆的"真我"二者的矛盾纠葛，揭示了"万变不离其宗"的生活要义。

第三，把握个性生动的语言。

戏剧小品成功的关键除具有新颖、深刻的主题外，最重要的就是小品语言。因为戏剧小品篇幅短，演出时间短，一般在30分钟左右，甚至15分钟左右。人物也少，背景简单，这就要求戏剧小品的语言口语化、个性化，极具冲击力。

口语化，有两层含义：一是讲标准的大多数人都能听瞳的普通话；二是讲具有地方特色的语言。目前，戏剧小品的口语化以地方特色为主，南方戏剧小品和北方戏剧小品的语言风格迥然不同，但却能引起普遍共鸣，其小品的口语化美感起了相当大的作用。

个性化，是指戏剧小品里的人物语言要有个性，是普遍中的特殊，是生活中有的而又无法模仿的语言，如《昨天·今天·明天》中"我十分想念赵忠祥！"和"来时的火车票谁给报了？"的语言已经成为某种暗示语。再如"扯淡，扯淡，就从这儿来的啊！""我这知识都学杂了！"等则已成为"另类"时尚语言而广为流传。

如今，戏剧小品中的人物语言已深入到人们的精神领域，成为某种定式：社会闲散人员的语言；神侃胡诌骗子的语言；农民企业家的语言；恋爱中的老人语言；现代摩登意识的老人语言；社会另类青年语言；等等，都可以在戏剧小品中找到。

总之，戏剧小品的现代发展越来越丰富。无论内容、结构，还是表演形式都具有与现代社会同步的迅速、简洁、浓缩、审美的特性。它要求创作者深入生活，抓亮点；挖掘材料，升华主题；掌握新的表现方法，艺术地再现生活中的那个"点"，用卡夫卡的话说就是："在戏剧把不现实的事情变现实时，他对观众产生的影响最强烈。这时舞台就成为灵魂的潜望镜，从内部照亮了现实。"那么，戏剧小品就更能让人们真正"品"出蕴藉在其中的无限意味，而无愧于大众文化的形象。

8.儿 童 剧

　　适合儿童欣赏的诸多剧种（包括话剧、歌剧、舞剧、歌舞剧、戏曲）的剧目统称。可取材于现实社会生活，也可以取材于童话、神话。在一些国家，又把为不同年龄层儿童演出的剧目加以区分。在欧美许多国家，儿童剧的创作和演出都很繁荣。在中国，20世纪20年代演出的《小小画家》等，被看作是儿童剧的发端。三四十年代，儿童剧的演出团体诞生。50年代以后，北京、上海、武汉、辽宁、四川、云南、宁夏、乌鲁木齐、西安、石家庄等省（市、自治区），都相继成立专业性儿童剧院（团）。

　　进入21世纪，儿童剧各剧种百花齐放，其中卡通剧成为一个具有代表性的剧种，北京丑小鸭卡通艺术团把剧目生产、营销两大环节融为一体，开创亲子剧场全国大规模巡演的先河，成为最活跃的儿童剧团之一。

第五章

娱乐表演

1. 魔术表演

就广义的来说：凡是呈现于视觉上不可思议的事，都可称之为"魔术表演"。

魔术虽然不构成著作权法意义上的作品，但完全可以构成商业秘密，从而享受反不正当竞争法的保护。按照我国反不正当竞争法第十条的规定，商业秘密是指不为公众所知悉、能为权利人带来经济利益、具有实用性并经权利人采取保密措施的技术信息和经营信息。《TRIPS协议》也作出了类似规定。据此，某种信息是否构成商业秘密必须具备三个基本要件：一是商业新颖性；二是价值性；三是保密性。魔术师创作的魔术完全符合这三个构成要件。

首先，魔术师的魔术讲究的是新颖、别致，能满足观众的好奇心，具有商业上的新颖性，可以使魔术师在同行业中保持优势地位。

其次，魔术能够通过魔术师的表演加以再现，并因此给魔术师带来巨大的经济利益，具有价值性。

最后，魔术的生命力在于它不为观众知晓的神秘色彩，魔术师对外总是守口如瓶，观众虽然绞尽脑汁想破解魔术师的魔术，但结果基本上都是无功而退。这说明，魔术师具有强烈的保密意识，并且采取了足够的保密措施来保护自己的秘密。

表演术语

（1）剧目

"剧目"通常意指一段不到 30 分钟的表演，往往是作为一段更长的"秀"的部分。

"剧目"也意指在"晚场全秀"中的一段特定"程序"(如"精灵小屋剧目"或"空中飘浮剧目")。

（2）用具

"用具"指被观众所见之任何对象，该对象已经过特别加工，用来制造一出魔术的"效果"。本术语并非视对象之大小而定，一件"变钞铜管"和一项"狮子的新娘"，两者皆是"用具""效果"。是否为"用具"并非借由观众的认知来归类的，虽然一个火柴盒可能不像是魔术师的"用具"，若因一出"效果"的用途而暗中加以改造，则其将被视为"用具"。

（3）效果

"效果"就魔术的用语而言是指一出"把戏"或"幻术"，同样也是从观众所见来简述发生的事。在魔术文献里的叙述和说明书中最常将之划分为两个部分，即"效果"是由观众所见，而"方法"是用于带出"效果"的步骤。

（4）拟具

一件用之来制造一出魔术"效果"的装置，观众能看见该装置但是并没有察觉其存在，如"拇指套"和"镜杯"中的镜子。

（5）晚场全秀

"晚场全秀"指一整场全部的舞台秀，通常其持续时间不少于2小时。大多数20世纪早期知名的魔术师主要是进行这一类型的演出。

（6）隐具

"隐具"是指一件决不会被观众看见的装置，其使一出"效果"的完成成为可能，如一件"线卷"是一项"隐具"。

就演艺界来说，借由一项个人的特质或独特的外观使一位演者能被识别（如"泰利沙瓦拉"剃光的光头）或一项娱乐产品的外观使该产品成为独特的，也可称为"隐具"。

（7）幻术

虽然全部魔术的演出可以说是由幻术所组成，在专业的领域内"幻术"这个字眼本身有其特定的含义，其几乎总是指涉一出在其中或包含人物或大型动物之魔术"效果"。

（8）手技

单独一个的"手艺"技巧。

（9）道具

"道具"是表演一出"效果"时必备的一个对象。例如，在演出"升牌"中使用的"狄威诺升牌"就是"用具"，然而将"狄威诺升牌"放入其内的正常玻璃杯则是一件"道具"。

（10）程序

"程序"指使用同一项"道具"来演出一连串的"效果"，如一出"野心扑克"或"欧屈托钱盒"的"程序"。又如许多个别的"效果"组配成有效能的系列就成为一套"剧目"。

（11）秀

"秀"指一场表演或剧场的演出。可参见"剧目""晚场全秀"。

（12）手法

"手法"指任何使用双手达成的措施或动作来制造一出魔术的"效果"。本术语意指一个欺瞒的技巧被使用在一个普通的对象上，但这并非总是如此。当然，由这一术语所定义的此类动作和在表演时以双手操弄一件魔术的"用具"是截然不同的。

这一术语也不可和那些直截了当地使用技巧性的双手动作来演示一段"花式"混为一谈。

（13）手艺

"手艺"指一个连同别的表演技巧来导致一出魔术"效果"的"手法"或连串的手法。

（14）把戏

"把戏"是一般大众简述一出魔术技艺表演的用语，魔术师很少使用"把戏"这个说法。他们较喜欢"效果"这个术语。

遗憾的是，"把戏"这个普及的用语带有作弊、讹诈及有害骗术的含义，使真正的神奇娱乐受到伤害。

分类

从历史角度分，中国魔术可以分为"中国古代魔术"和"现代魔术"。经常在一些表演当中看到某人擅长"古典戏法"，即属于中国古代魔术中的一种。

按原理与技术分为以下几类。（这种分类不是绝对的，表演时可以根据不同的需要交叉使用不同的原理与技术。）

手法类——以手法技术为主，必须勤练才能表演。

器械类——以巧妙设计的机关、器械来进行表演。

心理类——根据心理学的原理来进行魔术表演。

科技类——以化学、物理等自然科学知识作为依据来进行表演。

按道具与规模分为巨型魔术、中型魔术、小型魔术。

按照演出场地分为舞台魔术、宴会魔术、街头魔术（也称为"近景魔术"）。

按照魔术的专题分。某位魔术师擅长某种道具的魔术，常把同一道具的魔术组合在一起演出，形成一个专题。专题魔术包括硬币魔术、扑克魔术、逃脱魔术、丝巾魔术、绳索魔术、海绵球魔术等。

按魔术效果分。一位美国魔术师曾在他的著作 *The Trick Brain* 中为魔术的效果做了分类。

按照魔术的流派分为以下两类。

第一，中国戏法。其特点是表演细致入微，强调手的技巧和肢体语言，道具小巧，过去多为摆摊近距离表演，可以四周观看，不宜在下面看，目前发展为舞台表演，并有向大型魔术发展的趋势。

第二，西洋魔术。其表演滑稽惊险，气势磅礴，注重利用道具，多为舞台表演，与观众有一定距离，不宜在表演者背面看。目前发展较快，利用现代科技成果越来越多。随着东西方交流的日益频繁，二者有相互融合的趋势。

按魔术的表演形式分为以下几类。

第一，近距离魔术。近距离面对一个或数个观众表演，需要有熟练的手法技巧，所用的道具多为日常生活用品，如钱币、扑克牌等。因为与观众面对面接触，观众又常常可以触摸表演物，往往带来的震撼极大。

第二，沿桌表演。通常于餐馆演出，表演者沿着餐桌，一桌一桌进行表演。

第三，街头魔术。近年兴起的表演方式，其中以此最著名的是美国魔术师 DavidBlaine 以街头为舞台与观众进行各种互动的表演。

第四，酒馆式魔术。用一些中、小型道具配合演出，适合于夜总会、生日会或周年晚会，互动性高，表演者常常逗得台下笑成一团。

第五，舞台魔术。需要配合大型魔术道具、舞蹈、舞台灯光、音响演出（如有需要，舞台也要经过特别改装）。此类表演只适合在大剧场或大礼堂中进行。

第六，大型幻象魔术。自由女神消失或穿越长城，诸如此类的大型幻象，往往需要很多经费。

依领域可分为以下几类。

一是纸牌魔术。纸牌魔术用扑克牌进行表演，纸牌魔术往往有上万种之多。通常魔术师最爱用的是 Bicycle 扑克牌。

二是硬币魔术。利用硬币进行表演，魔术师通常爱用美金五角币进行表演。

三是心灵魔术。读心术、透视、预言等超能力类的魔术。

2. 杂 技

杂技指柔术（软功）、车技、口技、顶碗、走钢丝、变戏法、舞狮子等技艺。现代杂技特指演员靠自己身体技巧完成一系列高难动作的表演性节目。

杂技是古代娱乐形式之一，包括百戏、杂乐、歌舞戏、傀儡戏等，又称"杂戏"。《汉书·武帝纪》"三年春，作角抵戏"颜师古注引汉文颖曰："名此乐为角抵者，两两相当角力，角技艺射御，故名角抵，盖杂技乐也。"

《魏志·乐志》："六年冬，诏太乐、总章、鼓吹增修杂技，造五兵、角牴、麒麟、凤皇、仙人、长蛇、白象、白虎及诸畏兽、鱼龙、辟邪、鹿马仙车、高絙百尺、长桥、缘橦、跳丸、五案以备百戏。"

《隋书·音乐志中》："且西凉、龟兹杂伎等，曲数既多，故得隶于众调，调各别曲。"宋苏轼《集英殿春宴教坊词·小儿致语》："广场千步，方山立於众工；大乐九成，固海涵於杂技。"（参阅任半塘《唐戏弄》第二章四。）

杂技过去泛指手技、口技、车技、驯兽和魔术等技艺表演，系从古百戏演变而成。现代杂技特指演员靠自己身体技巧完成一系列高难动作的表演性节目（如单臂倒立等）后来，魔术从杂技中分出，单独成一类。

杂技也指从事杂技之人。《南齐书·列传·卷二十八》："今户口不能百万，而太乐雅郑，元徽时校试千有馀人，后堂杂伎不在其数。"《隋书·列传·卷二十七》："人戴兽面，男为女服，倡优杂技，诡状异形。"

杂技也指各方面的技能。清龚自珍《阮尚书年谱第一序》："公远识驾乎隋唐，杂技通乎任尹。"《二十年目睹之怪现状》第四十一回："上月藩台和我说，要想请一位清客，要能诗，能酒，能写，能画的，杂技愈多愈好；又要能谈天，又要品行端方。"

杂技旧指医卜、星相等方术。明沈德符《万历野获编·兵部·名器之滥》："宋时杂技异途，亦有虚衔，如某州医学助教之属，以优假闾里中杂流耳。"清富察敦崇《燕京岁时记·东西厢》："开庙之日，百货云集……星卜杂技之流，无所不有。"

杂技历史

大约在新石器时代，中国的杂技就已经萌芽。原始人在狩猎中形成的劳动技能、自卫攻防中创造的武技及练就的超常体能，在休息和娱乐时、在表现其猎获和胜利的欢快时的行为，被再现为一种自娱游戏的技艺表演，这就形成最早的杂技艺术。杂技学术界认为中国最早的杂技节目是《飞去来器》。这是用硬木片削制成的十字形猎具，原始部落的猎手常用这种旋转前进的武器打击飞禽走兽，而在不断抛掷中，他们发现不同的十字交叉，在风力的影响下，能够回旋"来去"，于是它就成了原始部落氏族盛会中表演的节目。

杂技艺术中的很多节目是生活技能和劳动技术、武术技巧的提炼和艺术化。《飞去来器》这个节目至今在民俗活动中传承着，内蒙古草原上一年一度的"那达慕"盛会上，在赛马、摔跤、角斗等各种技艺竞赛中，就有《飞去来器》的竞赛，它是以投掷的远近和击中目标的准确程度来评定优劣的。杂技演员把猎技的《飞去来器》加以艺术加工，形成一种巧妙神奇的艺术节目，这种节目至今在舞台表演中还深受观众喜爱。由于杂技艺术来源于五花八门、多姿多彩的现实生活，"杂"成为它的整体特征，故而"杂技"之名就在历史长河中被确定下来。

春秋战国时期，当时在中国辽阔的大地上出现了许多诸侯国，这些诸侯国在争强称霸的争斗中，都注意笼络人才，这些人才称"门客"，有的是出谋划策的谋士，有的是武艺高强的武士，他们以一技之长，投身公卿大夫，在关键时刻往往以其技辅助主人，成就一番事业，诸士善技是春秋战国时代的特点。如战国四公子之一的齐国公子孟尝君被秦王"请"到秦国软禁起来，孟尝君欲逃归，他托人向秦王宠妃求情，那妃子要孟尝君送她名贵的白狐裘。孟尝君只有一件，已经送给了秦王，因此很为难。幸好他带的门客有位善缩身之术者，从狗洞爬进王宫偷出了那件白狐裘。这位门客之技可谓后世杂技"钻圈钻筒"之始。妃子得了白狐裘，说动了秦王，放了孟尝君，但孟尝君刚走，秦王又后悔了，派兵追杀。孟尝君率众到了秦国边关，该关规定鸡鸣才开门，时值半夜，鸡自然不会叫，追兵立刻即至，可谓危在旦夕。幸好门客中有位口技家，他的几声惟妙惟肖的鸡叫，引得四郭荒鸡齐鸣，守关人迷蒙中以为到了开关时刻，开关放人，孟尝君得以逃离秦国。此事在《战国策》中有记载。

拥有 400 多年历史的汉代是在人类文明史上作出卓越贡献的朝代，汉代第五位皇帝汉武帝刘彻是具有雄才大略的帝王，他特别喜欢杂技艺术。《史记·大宛列传》说，汉武帝为了夸扬国家的富庶广大，在元封三年（公元前 108 年）的春天，召集了许多外国来客，布置了酒池肉林，举行了盛大的宴会和赏赐典礼。在宴会进行中，演出了空前盛大的杂技乐舞节目。节目中有各式角抵戏的表演，七盘和鱼龙曼衍，还有戏狮搏兽的驯兽节目。值得一提的是在那次盛会上还有外国杂技艺术家的献技，安息（古波斯）国王的使者带来了黎轩（今埃及亚历山大港）的幻术表演家，表演了吞刀、吐火、屠人、截马的魔术节目。

这些奇技异巧、场面盛大的演出，使四方来客大为惊叹，深服汉朝的富强。达到了汉武帝夸示国家昌盛富庶，吸引西域诸国结好汉室，共同对付强敌匈奴的外交政治目的。

经过魏晋南北朝的大动荡和民族文化的大融会，至公元 589 年隋统一中国，杂技艺术已经发展得极为成熟，至唐代成为宫廷和民间共盛的艺术。杂技艺人和乐舞艺人同在宫廷献艺，出现一些传诵一时的杂技艺人，为诗人墨客吟咏。

唐朝是中国封建社会经济较发达的时期，乐舞杂技艺术空前繁盛，唐代诗人墨客不少人吟咏过杂技艺术。白居易有"舞双剑、跳七丸、袅巨索、掉长竿"（《新乐府·立部伎·刺雅乐之替也》）之句，元稹亦有"前头百戏竞撩乱，丸剑跳踯霜雪浮"（《和李校书新题乐府十二首·西冰伎》）的诗句。

唐代杂技出现了许多技艺高超而美艳动人的女杂技艺人。唐人所著《封氏见闻录》也描写了宫廷的绳技、高跷、"踏肩蹈顶"人上叠人"至三四重"的高超技艺。不少有名的乐舞如《破阵乐》《圣寿乐》等，都与杂技有关。

唐太宗李世民亲自指导大臣排练的《秦王破阵乐》是唐代极有名的乐舞，名声远播海外，120 人执戟披甲，前有战车，后列战阵，其中的武技与马术即与杂技相通。

唐人"载竿"之艺极高，有"爬竿""顶竿""车上竿戏""掌中竿戏"等不同内容。《独异记》中记载着一位三原女艺人能头顶长竿载十八人而来回走动。正是有此种神技，唐代达官贵人的出行仪仗中往往以载竿杂技表演为前导。最典型的可考之处是唐代敦煌莫高窟中的壁画《宋国夫人出行图》中就是以"载竿"为前导的。出行仪仗中杂技乐舞表演，既有显示豪奢气派之意，又有与民同乐之好，故唐人张祜《千秋乐》诗云："八月平时花萼楼，万方同乐是千秋。倾城人看长竿出，一伎初成赵解愁。"

中幡本是唐代贵族、皇室出行的仪仗，当时还不是杂技表演的项目，崇尚武技的唐代，一些仪仗兵在锻炼臂力时耍弄中幡，后来民间迎佛走会中，也把中幡作为开路仪仗，杂技艺人进一步提高中幡的技艺，美化幡帽的装饰，就成了一项极富民族文化特色的杂技艺术，至今在舞台上表演着。

唐代杂技，宫廷与民间共同发展，民间既有街头小艺，也有戏场献艺，观者达数千人。有的在广场表演，有的则在寺院附近的戏场乐棚。当时的国都长安，大的戏场多在慈恩寺旁，小的戏场多在青龙寺旁。长安有名的杂技艺人解如海，剑、丹、丸、豆、击球诸艺皆精，他的家庭班子，每次演出都有上千人观看。

宋代是都市经济发达，市民阶层强大的时代，像汉、唐那样以皇室和国家组织的大型杂技百戏演出已经少见，相反在繁荣的城市，如北宋的首都汴梁（今河南开封）、南宋的首都临安（今浙江杭州）都有各种街坊、市场的演出场所，当时称"瓦子乐棚"。杂技、舞蹈、武艺、说唱各种形体表演艺术，同场献艺、互相观摩，无疑对中国独特的戏曲艺术的形成起了促进作用。

元代对中国各民族的艺术交流产生了有力影响。中华艺术史上的奇葩——元杂剧，就是在元代鼎盛成熟起来。"杂剧"之所以有此名称，研究者认为，就是因为当时的戏剧艺人和杂技艺人同场献艺，在戏剧演出中吸收或穿插不少杂技演出的原因。这从山西省右玉县宝宁寺保存的元明时代水陆画中也可以看出。其中的"第五十七，往古九流百家诸士艺术众""第五十八，一切巫师神女散乐伶官族横亡魂诸鬼众"两幅，捕绘了杂技、幻术和戏曲人物的形象，可以看出当时他们同场献艺的情状。"往古九流百家诸士艺术众"分上下两层，上层绘士农工商医卜星相各色人等，下层则是杂技、戏剧演员，特别有意义的是在这幅画里，还把当时为戏曲、杂技演出写词作本的书会才人的形象，摆在了重要地位，弥足珍贵。

明清两代是中国最后的两个封建王朝，杂技与舞蹈等传统表演艺术很少在宫廷演出。只有明宪宗时的"行乐图"中有杂技表演的形象。清代杂技艺人漂泊江湖，生活凄苦，但出于对艺术的挚爱和对人生的追求，他们在艰难的环境中，保持和发展了自己的艺术，"蹬技"和"古彩戏法"都有了新的创造，"耍坛子""剑、丹、丸、豆"的系列幻术，都达到了极高水平。

清代杂技除"撂地摊"在城镇乡村中流浪卖艺外，一些技艺高超的艺人，也被邀请做富室贵家的堂会演出和逢年过节的行香走会的表演。清末上海出版的《点石斋画报》就反映了这些杂技的演出情况。

1949 年以后，杂技艺术更成为中国人民与世界各国人民文化交流的使者。周恩来总理亲自过问组建中国国家杂技团的事情，1950 年 10 月，中央文化部聘请罗瑞卿、廖承志、田汉、李伯钊等七人组成筹备杂技团工作组，这七人中有战功卓越的将军，有资深的戏剧家、导演和文化交流的领导人，由此可见国家对此事的重视。

当时从上海、天津、北京、武汉征集了一批优秀杂技节目，并邀集知名艺人来北京。从中挑选了一批富有民族特色的杂技节目，在李伯钊、周巍峙等新文艺干部直接指导下，经过一个月的集训，编排出新中国第一台杂技晚会。

这些传统杂技节目经过初步整理，在服装道具、音乐伴奏上都做了初步加工，使之面貌一新。在中南海怀仁堂举行汇报演出，受到了毛泽东、刘少奇、周恩来、朱德等中国国家最高领导人的肯定和鼓励，并当场决定由这批艺人组成一个团体，出访苏联和欧洲各国。周恩来总理命名该团为"中华杂技团"，1953 年正式建团，改称"中国杂技团"。

中国杂技团的杂技表演

中国杂技团成立后，带着中国人民的友好祝愿和浓厚情谊，在一年多的时间里，先后出访了苏联、波兰、捷克斯洛伐克、匈牙利、保加利亚、阿尔巴尼亚、芬兰、丹麦、瑞典、奥地利等14个国家，通过这些负载着中华古老文明的杂技节目，使这些国家的人民感受到中国人民是勤劳、勇敢、智慧、乐观、文明的人民，中国是热爱和平，与各国人民友好共处的国家。

中国的杂技演员从第一次出国演出，就成为中国文化的使者、和平友谊的使者。半个多世纪以来，中国杂技演员足迹遍世界，在五大洲的100多个国家留下了他们的艺术风采，甚至当时一些尚未与中国建交的国家，也都欢迎中国杂技团的演出，并在他们的艺术表演中感受到中国人民的友谊，加速了与这些国家友好交往的进程。

中国杂技的艺术特色

中国杂技概括起来可以以九大特色称之。

特别重视腰腿顶功的训练是中国杂技的第一个特点。中国杂技自古重视顶功，汉代画像砖石和壁画、陶俑中，有许多拿顶和翻筋斗的形象。中国杂技艺人，即使是表演古代戏法的演员也要有扎实的功夫基础，所谓"文戏武活"，即是指此。没有坚实的功夫，在大褂里卡上近50千克的道具，还要从容自如，翻着筋斗变水变火是不行的。

第二是险中求稳、动中求静，显示了冷静、巧妙、准确的技巧和千锤百炼的硬功夫。如"走钢丝"中种种惊险的表演，都要求"稳"；"晃板""晃梯"之类，凳上加凳，人上叠人，但顶上的人必须在动荡不定的基础上求平求静，这必须有极冷静的头脑、高超的技艺与千百次刻苦训练相结合才行，这显示了对势能和平衡的驾驭力量，表现了人类在战胜险阻中的超越精神。

第三是平中求奇。以出神入化的巧妙手法，从无到有，显示人类的创造力量。这个艺术特色在举世惊绝的"古彩戏法"中表现得最为突出。中国戏法与西洋魔术最大的区别就在于魔术讲究运用声光道具，台面上金碧辉煌，演员却只要一件长袍，一条薄单，平凡朴实，毫无华彩，然而这一身长袍却要变出千奇百怪的东西，从酒席菜肴至活鱼、活鸟，无奇不有。演员一个跟斗能献出烈火燃烧的铜盆，再一个跟斗又取出硕大无比、有鱼有水的鱼缸。

第四个艺术特色是轻重并举，通灵入化，软硬功夫相辅相成。最能表现这一艺术特色的是"蹬技"节目，蹬技多数是女演员表演，演员躺在特制的方台上，以双足来蹬。至于所蹬物体，几乎包罗万象，从绍兴酒罐、彩缸、瓦钟到桌子、梯子、木柱、木板和喧腾带响的锣鼓等，轻至绢制的花伞，重到50多千克的大活人。被蹬物体，或飞速旋转，或腾越自如，从光滑的瓷制彩缸，到笨重的木制八仙桌子，都可以蹬得飞旋如轮，只见影子不见物象。

第五是超人的力量和轻捷灵巧的跟斗技艺相结合。《叠罗汉》的底座负重量是惊人的。唐代《载竿》有一人顶18人的记载。现藏日本，作为国宝级文物的唐代漆画弹弓，弓背上就有一个顶6人的形象。传统的"拉硬弓""耍关刀"都是负重极大的节目。

第六是大量运用生活用具和劳动工具为道具，富于生活气息。碗、盘、坛、盅、绳、鞭、叉、竿、梯、桌、椅、伞、帽等，这些平凡东西，在中国杂技艺人手里，变幻万状，显示了中国杂技与劳动生活的紧密关系，有些节目就是劳动技能和民间游戏结合的产物。如绳技、神鞭等，就是牧民套马、赶车和儿童跳绳的艺术化。

第七是古朴的工艺美术和形体技巧的结合。"耍坛子""转碟"

等节目把中国的瓷绘艺术与杂技交融在一起。"蹬技"中的花伞和彩单同样给人以传统艺术的美感。

第八是中国杂技有极大的适应性，表演形式、场所多样化。广场、剧场、街巷、客房，多至百人大荟萃，小至一人的现场即席献艺。正是这种广泛的适应性使其能千古犹存。

第九是中国杂技有严密的师承传统，又与姊妹艺术关系密切。中国杂技有严密的内向性，每一种技艺都是代代相传。同时还有地域性，如中国北部的河北省吴桥县就是有名的杂技之乡。杂技艺人尊师重艺，对先辈传下来的技艺，总是千方百计地保存下来，传承下去。

杂技与竞技

北京天桥中幡

中幡是装饰华丽，既具有仪仗特色又用于比赛力量的一种旗帜。它的主干是一根 *10* 米长短的粗短竿，竿顶悬挂着一面 *0.5* 米宽、*5.5* 米长的长条锦旗，也称"标旗"。考究的中幡还会在竿顶加上一层乃至数层由彩绸、绵缎、响铃、小旗、流苏组成的圆形装饰物，被称为"缨络宝盖"，在舞弄起来时色彩和声音都很优美。舞毕后需保持中幡的直立不倒，还要高高抛起，稳稳接住，动用身体的各个部位轮换地作为支撑点。中幡的动作有霸王举鼎、老虎撅尾、苏秦背剑等 *26* 种之多。

中幡起源于晋朝，有着上千年的历史记载。清乾隆年间，中幡会属于镶黄旗佐领，属内八档会之一，且受过皇封。同时是一项古老的传统民间艺术，是老北京文化尤其是老天桥文化的缩影。

抖空竹

空竹一般为木质或竹质，是一种用线绳抖动使其高速旋转而发出响声的玩具。空竹在我国有悠久的历史，从明代《帝京景物略》一书中记述的空竹玩法和制作方法，以及明定陵出土的文物考证，可知"抖空竹"在民间流行的历史至少有 600 年。

杂技与体育

杂技启发吊环运动

近代的吊环运动起源于法国，它的产生是受杂技演员悬空绳索表演的启发而创造的运动。在随后几年中，这项运动传入了德国和意大利。1842 年，德国的施皮斯制造出世界上第一副吊环，现在吊环大多为木制、圆形，用钢索悬挂在高 5.8 米的立架上，两环相距 50 厘米。木环与钢索间用皮带或帆布带连接。

早期吊环动作只有一些摆动和简单的悬垂动作，这些动作都是体操队员训练的辅助手段。直到 19 世纪，吊环运动才成为男子体操项目。随着这项运动发展成正式的比赛项目，吊环的动作也在逐渐增加。由摆动到静止力量或由静止力量到摆动的过渡是当代体操的显著特点，做静止动作时，要求环静止，不能有大的摆动。一套吊环动作应由比例大致相等的摆动和力量静止动作组成。

吊环运动在 1896 年第一届奥运会时就已成为正式比赛项目。

蹦床运动源自杂技表演

蹦床的历史可追溯到 19 世纪中叶北美的科曼契印第安人，而在中国马戏团的杂技演员使用类似蹦床的道具至少也有 200 年的历史，由于在全世界范围内，很多国家或多或少有类似蹦床的运动，蹦床真正的起源地已经无法追溯。

目前可以肯定的是现代弹性蹦床的开创者是法国杂技演员特朗波兰，他用麻绳编制成保护网，以加强杂技表演"空中秋千飞人"的安全，并利用网的弹性将演员抛入空中，完成各种动作。20 世纪 30 年代，美国跳水冠军尼森制作出类似于当今的那种蹦床，用来帮助自己的跳水与翻转训练，而即便到了现在跳水运动员也会在类似蹦床的器具上练习空中动作。

第二次世界大战期间，美国利用蹦床训练飞行员和领航员的定位技能，取得良好效果，以后逐渐成为一项运动，在美国的中学、大学广泛开展。1947年，美国在得克萨斯州举行首届全国蹦床表演赛，1948年起，被列入正式比赛，后传入欧洲。1999年，国际蹦床联合会成为国际体操联合的一个协会，并在2000年第27届奥运会成为正式比赛项目，设男、女个人两个项目，每个项目12名运动员参加比赛。

一套蹦床动作的特点主要表现在动作的高飘，动作之间富有节奏的连接和变换，包含双脚起跳、背弹、腹弹、坐弹动作，全套动作中间没有停顿和中间跳。一套蹦床动作应由各种向前、向后的空翻转体或非转体的空翻动作组成。

这项新兴项目在奥运会上只设立了男、女个人两枚金牌。中国的第一代蹦床选手均从体操、跳水、技巧等项目转项而来，在此前的两届奥运会上，金牌都被欧洲选手夺得。

中国女子蹦床的领军人物——黄珊汕先后夺得奥运会铜牌和亚运会金牌，在世锦赛上仅因难度分低而输给俄罗斯的老将卡拉瓦耶娃。何雯娜和钟杏平两位新人实力已与黄珊汕不相上下。男子方面则由世锦赛冠亚军叶帅和董栋领衔，与陆春龙、余潇、阙志城构成新五虎上将。

单杠运动灵感来自杂技

单杠运动的起源可以追溯到人类的祖先在丛林中进行的各种攀登、爬越等练习。在当时，这项运动只是一种生活实用技能，进入封建社会以后，它与祭祀等活动逐步结合。

对于近代单杠运动来说，则出现在1812年的德国。德国体操学派的创始人 F.L·杨和 J.C.F·古茨穆茨受到当时西欧盛行的杂技表演的启发，他们用一根木棍做梁设置一副单杠，放在他自己创建的位于柏林城外的体操场里用作健身训练。

柔术

柔术，是中华民族源远流长的一朵艺术奇葩。它正式形成于春秋战国时期，成熟于隋代，唐代进入宫廷，汉代百戏曾经一度鼎盛。中华人民共和国成立后，周恩来总理正式命名为"杂技柔术"，与中国的戏剧艺术一样，门派、品种繁多，民族文化底蕴深厚。

柔术，作为杂技家族中一个传统项目，被誉为"超越极限的人体艺术"，其中蕴含着中华民族对圆文化的理解。柔术人体摄影，在国外早已司空见惯，人体模特的身体柔韧性几乎成了定义模特专业程度的标准，具有极好柔韧性的柔术模特一直是西方专业摄影师追求的对象且价格不菲。如今的网络可谓五花八门，无奇不有，但关于柔术的系统知识却是凤毛麟角。摆在书店门口推销是形形色色的瑜伽教程，而翻遍书店的每一个角落，却肯定看不到柔术两个字，这也是我们鼓励发扬光大柔术的一个原因吧。

中华柔术，以惊、险、奇、美著称于世。成都军区战旗杂技团出访美国，震惊好莱坞，令斯皮尔伯格为之动情。

中华柔术，本质上有别于瑜伽运动，不求奇巧，但求精美。举手投足之间，纤纤软体，刚柔相济，寓动于静，极至精美于毫厘之中。柔术之艺术精神亦有别于舞蹈，情感不张扬于表演之中，寓意超越于形体之外，颇有点类似中国太极拳的意境，浑圆之中，含蓄着力量；软而不屈，坚韧十足，险中求稳，动中求静。沉默的毅力之间，掩饰不住的智慧和超越，尽显我中华民族的精神和追求。

柔术从其渊源来看，它与中国的武术有着千丝万缕的联系。

最早对柔术的定义出现在日本的古籍《拳法秘书》中：今世所谓之柔术也，于《武备志》中称之为手搏。在日本开始有此事，是近世有陈元斌者，来我国寓居江户浅府的国正寺，另有浪人福野七郎右术门、矶贝次郎左门、三浦与次右卫门者，同寓居该寺住在一起。元斌说："大明有擒人之术，我虽不懂此术，然常见之。"上述三浪人闻其术，便自己钻研磨炼，后便能善其术。尽柔之和语始于上述三人传之四方。

此术之理是持之以柔，不与对手争先，不急于求胜。要修虚静之心，见物不妄动，遇事沉着冷静而不浮躁。能做到沉着，则需要用调息法。

国昌寺文书中也有关于柔术的历史记录，陈元斌于日本宽永三年至四年（1626—1627年）居于江户西久保国昌寺。在该寺文书旧记录中，记载了陈元斌当时传授柔术的经过。后国昌寺遭火灭，很多文稿手迹均被焚，劫后留存有关柔术旧记录。

《拳法秘书》将元斌拳法同道家哲学结合，使其系统理论化，从而构成独特而鲜明的"拳道"思想体系（阴柔之气）之道家拳法。这在具有传统"禅儒"思想"禅武"天下（阳刚之气）的江户时代，是划时代的革命理论。

《拳法秘书》的"拳道"系统理论，在当时东亚汉字文化圈的武文化中，也是位列前茅的。即使在清代早期，拳法的文字理论化，也要到18世纪70年代。

大明擒人之术衍生的柔术，其取名最可能来自著名的抗倭名将戚继光的兵书《纪效新书·拳经捷要篇》中，强调要"活著（捉）朝天，而其柔也"。"活捉"就星擒之意，"朝天"就是摔跌之意，"柔"就紧柔制刚之意也。

以柔制刚只是战术性技法，而《拳法秘书》的"持之以柔"，则紧规律性的柔之"道"，去指导以柔制刚的"术"。因此，《拳法秘书》很可能是在陈元斌的《老子经通考》出书之后写成，因为德川幕府的江户时代，是尊儒抑道，陈氏之书特为日本人了解老子思想而作。

根据日本佚名作者的《拳法秘书》中，提到"近世有陈元斌"，史料登实应是德川家光时期。而提到"今世所谓柔术"，则是德川家纲时期。著书的年月可能在陈氏的《老子经通考》成书（1670）之后和日本哲学大师贝原益轩的《和事始》（1683）引用《拳法秘书》之前，推断似在17世纪七八十年代，大约早于清代乾隆年间王宗岳的《太极拳论》一个世纪。

顶碗

中国传统杂技节目。演员头部顶一摞瓷碗，表演劈叉、金鸡独立、别元宝、倒立等技巧动作。20世纪50年代以后，发展了对手顶碗、软腰顶碗、高梯顶碗、四人造型顶碗等形式。近年创造的高难动作有：拐子倒立脚面夹碗、蹬碗单臂倒立斜拉叉、探海脚举碗变单臂倒立回碗、脚举碗乌龙绞柱、单腿举碗站头射雁、旱地拔葱举单手顶、双尖头脚举碗打滚顶、三尖双重卡脖顶挂人等。

早在2000年前的汉代，中国就有顶碗表演。河南南阳汉墓出土的石砖上，刻有"顶碗单手倒立"的生动形象。

顶碗在表演形式上，分为单人表演和多人（双人或三人）表演两种类型。广州杂技团表演的三人顶碗颇具新意。他们用"A"形梯串连三人顶碗的技巧，把多种对手顶碗的动作展现于高梯之颠，尤其在完成三人相叠顶碗过梯这一高难技巧时，顶端演员离地6米多高，她头顶一摞瓷碗，双手按住中间演员的肩部倒立，中间演员也头顶瓷碗，双手按住底座演员的头顶倒立。底座演员既要承担头顶上两名演员的体重，又要协调好三人的重心，攀着梯格上上下下，甚为惊险。

口技

口技是民间的表演技艺，是杂技的一种。古代的口技实际上只是一种仿声艺术。表演者用口模仿各种声音，能使听的人产生一种身临其境的感觉，是我国文化艺术的宝贵遗产之一。这种技艺，清代属"百戏"的一种，表演者多隐身在布幔或屏风后边，俗称"隔壁戏"，且其中还有腹语术，运用嘴、舌、喉、鼻等发音技巧来模仿各种声音，如火车声、鸟鸣声等，表演时配合动作，可加强真实感。另有林嗣环、蒲松龄的文学作品以"口技"命名。

3. 时 装 表 演

时装表演是指由时装模特在特定场所通过走台表演，展示时装的活动。时装表演一般是在铺有长长的跑道式地毯的表演台上，模特穿上特制的时装和配以相应的饰品，以特定的步伐和节奏来同走动并做各种动作和造型。时装模特是传递设计师意图的使者，用自己的形体姿态动作与时装融合。通过模特，把服装、音乐、表演融为一体，达到高度完美的艺术统一。

设计师、企业或学术团体为提出新的设计主张，引导流行色彩、流行款式，由真人模特儿穿着时装在舞台、灯光、音乐等条件下，在销售现场、宾馆、剧场所进行的表演。

时装表演是时装工业的产物，最早应该追溯到 1910 年美国中西部曾举行过的几次小型表演。人们公认的第一次时装表演是 1914 年 11 月 4 日《时尚》杂志在蔡斯领导下为了使消费者（主要是指当时的社会名流）有时装领袖可寻，在纽约举办的第一次发布会，被命名为"纽约时装节"。

时装表演虽然是一种以视觉效果为特征的舞台活动，但它主要是体现时装的款式、色彩、面料和各种附属装饰品。

起源

早在 14 世纪末，在当时法国的宫廷中用"玩偶"展示服装，由于当时的法国经济相当繁荣，王室成员和当时的富人聚敛了相当多的财富，所以宫廷的贵妇和民间的妇女十分追求服饰的华丽。当 14 世纪下半叶，英法战争结束后，法国王后伊莎贝拉用石膏做的人体模型，

197

穿上华丽的宫廷服装作为礼物送给当时英国国王的王后。从此创造了用石膏人体模型展示服装的方法。

那么第一次的真人服装展示又是什么时候呢？*1858* 年，著名法国高级时装创始人 Charles Frederick Worth 为推销服装创造了一种新颖的促销方法，他让自己时装店的女店员充当"人体模特儿"，推销一种羊绒披肩。结果，取得很大的成功，销量非常好，后来这个店员也成了他的妻子。这就是最早的人体模特儿。

真正意义的时装表演又是什么时候在哪里出现的呢？*19* 世纪末的美国。*1908* 年，真正意义的时装表演发生在美国费城。这次演出由英国伦敦的"杰伊斯大商店"组织，场面大而豪华。*1914* 年，在芝加哥，由芝加哥服装业制造协会主办了一场由 *100* 多名模特儿，表演了 *250* 套衣服，共举行了 *9* 场，观众达 *5 000* 多人。这次表演更被拍成电影在全国上映。并且现在大家经常见到的"T"型台也是在这次表演中首次运用，可以说简直就是一个创举！

分类

（1）商业性时装表演。主要以宣传本企业形象、推销时装为目的。以实用为主，强调服用功能、随意、接近生活。以迎合顾客的需求和愿望为出发点，在一定的时间内引导消费。

（2）艺术文化性时装表演。除含有商业性要求产生一定的经济效益外，还带有审美价值和艺术内涵。通过模特儿本身的气质和表演，显示服装的风格、特征，服装的流行趋势及设计师的个性。

时装表演分为学术性、贸易性、广告性、文娱性、生产性等多种。其主要目的是预报流行的款式和饰品；宣传和扩大服装商店、设计师和服装厂商的知名度，创出和保持名牌，增强社会竞争能力；沟通设计师、厂商、零售商和消费者之间的联系。

中国时装表演

中国最早的时装表演算起来可能是著名画家叶浅予先生组织的。当时，他在"云裳"时装公司任时装设计师，一家英国纺织印花布洋行找到他，要他为其办一次时装展览，后来叶浅予在南京路一家著名的外商惠罗百货公司楼上办起了上海第一次时装展览会。1979年初春，法国著名时装设计大师皮尔·卡丹带来来自法国的模特儿来中国的上海表演了两场，这次演出只允许有关人员"内部观摩"，并且所有观看人员要进行专业审查，一律对号入座，记录姓名。

中国的第一支时装表演队由上海服装公司组办。当时的女模特儿身高在 1.65～1.70 米，三围、气质都不符合要求。

中国的第一位国际名模是当时年仅 19 岁的时装摩天儿彭丽。1988 年，她参加了一个由 26 个国家，51 名选手参加的国际性比赛并荣获国际奖。

时装表演动作

在 T 形台上，摆胯是服装模特表现服装的专有动作，是体现风度和自信的手段，是表现轻松、潇洒的方法，是展现服装灵性的形体语言。模特在台上表演服装时，为了表现服装的灵性和内涵，需要将个人良好的气质风度融于服装的展示动作中，需要将服装在不同环境中的风韵、特点表现在动作上。因此，摆胯是人们在兴奋状态下的一种全身协调动作，是一种形体语言，运用得当，可以表达出不同心情、意境。服装模特儿应根据服装和音乐共同创造出的特定意境、场合、环境而恰当地应用它。

T 形台上，模特儿胳膊的摆动也不是随意的，也要根据服装的特点，时而有力，时而轻柔，有时幅度大，有时幅度小。可以说，胳膊是个充满表现力的配角。在表演行进中，它辅助服装主体的表现，在亮相时，配合适当的手形，是完美造型的重要组成部分。

由此可见，时装表演中的动作就是将生活中的动作加以改造、修饰、提高、美化，再将它们自然流畅地在表演中表现出来，使动作既源于生活又带有艺术的特点，形成模特儿专有的形体语言。

总结

无论是东方还是西方，在着装的美学观点上，历来要求达到：人即衣、衣即人的最和谐、最融洽的状态。要求人的衣着要代表其性格、爱好、理想、兴趣，以及仪表、风度和气质的个性风貌。一个人，如果按自身的先天条件去合理设计和选择服装，就一定能达到最佳境界的和谐。但作为模特儿，则要以各种表演方法去适应各类服装的特定形象。所以，一名时装模特儿，仅仅有良好的形体条件是不够的，只学会了表演动作也是不够的。因为服装是千姿百态的，服装设计师在设计每一件服装时，设计主导思想是不一样的，所要表现的服装内涵也是不一样的。如果说设计师只有通过服装把人内在的精神气质、风格神韵展现出来，才算是最有灵性的作品设计的话，那么模特儿在表演中，也要通过适宜的精神气质、风格神韵把服装的特定个性展现出来，才能算是最有灵性的表演。因此，时装模特儿就要善于发现服装的内在生命力，并通过自己形体语言的变化，各种造型姿态，将服装的内涵表现出来，并传达展示在人们面前。人们通过服装模特儿的展示表演，感觉到这种生命力所在，并由此感受生活、感受美，这才是时装模特儿所应达到的最佳境界。